Manuela Rösner / Vanessa Schlüß

Kita und Schule meistern mit PFEF+

Psychomotorische **F**örderung **E**xekutiver **F**unktionen

DANKE

Während einer Pandemie ein anschauliches Fachbuch zu schreiben, hat uns vor einige Herausforderungen gestellt. Daher möchten wir uns bei all denjenigen bedanken, die uns auf unterschiedlichste Weise unterstützt haben:

Ein besonderer Dank gilt den Kindern und ihren Eltern unserer Praxis, die sich bereit erklärt haben, uns eine Medienerlaubnis zu geben. Ohne euch hätten wir dieses Buch nicht so praxisnah und anschaulich gestalten können.

Danke

- dem Städtischen Familienzentrum und Kinderhort Schwelm für die Bereitschaft, ein Projekt zum Thema „Psychomotorische Förderung Exekutiver Funktionen im Kindergartenalter“ in ihrer Einrichtung durchzuführen.

- an Martin Off (EDV-Blumentaler/Wetter), der uns mit seinem IT-Fachwissen geholfen hat, so manche Spielideen auch technisch umzusetzen und als Download zur Verfügung stellen zu können.

- dem gesamten Praxisteam der „Praxis für Mototherapie und Heilpädagogik – Zentrum für Psychomotorik“ in Gevelsberg, ohne deren Verständnis und Unterstützung eine Umsetzung der zahlreichen Praxisideen nicht möglich gewesen wäre. Wir bedanken uns bei euch für eure Geduld, euer Interesse und eure Mithilfe bei der Umsetzung unserer Ideen.

Natürlich bedanken wir uns ebenfalls bei unseren Familien und Freunden, die uns immer wieder neue Motivation und Kraft geschenkt haben. Ihr standet uns jederzeit mit Rat und Tat und großem Verständnis zur Seite und dafür danken wir euch sehr.

Manuela Rösner / Vanessa Schlüß

Kita und Schule meistern mit PFEF+

Psychomotorische **F**örderung **E**xekutiver **F**unktionen

Unser Buchprogramm im Internet
www.verlag-modernes-lernen.de

Externe Links

Der Verlag weist ausdrücklich darauf hin, dass eventuell im Text enthaltene externe Links vom Verlag nur bis zum Zeitpunkt der Buchveröffentlichung eingesehen werden konnten. Auf spätere Veränderungen hat der Verlag keinerlei Einfluss. Eine Haftung des Verlages ist daher ausgeschlossen.

Folgen Sie uns auf  

Online-Material zu diesem Buch

So einfach geht's

- Materialseite verlag-modernes-lernen.de/buecher/online-material aufrufen
- Buchcode eingeben und Download starten

Ihr Buchcode: F17axZQn

Gesamtherstellung in Deutschland: Löer Druck GmbH, Dortmund

Bestell-Nr. 1343 ISBN 978-3-8080-0930-7

Inhalt

1. Exekutive Funktionen

Exekutive Funktionen sind intrinsische Fähigkeiten, die helfen, uns im täglichen Leben zurechtzufinden. Sie vermitteln uns Fähigkeiten für das Lernen und für Alltagshandlungen in der Freizeit und in Beziehungen. Menschen nutzen exekutive Fähigkeiten, um Aktivitäten wie Planung, Organisation, Strategieentwicklung, Aufmerksamkeit und Erinnerung an Details sowie Zeit- und Raummanagement durchzuführen (Drechsler & Steinhausen 2013).

Mit Exekutiven Funktionen sind ausführende Funktionen gemeint, das heißt geistige Fähigkeiten, die das Denken, Fühlen und Handeln steuern (Kubesch 2020). Recherchiert man in deutschen Wörterbüchern nach Synonymen, bedeutet exekutiv auch „ausführend, vollziehend, vollstreckend".

„Exekutive Funktionen ist der Oberbegriff für eine Reihe von regulativen Fähigkeiten, welche Voraussetzung für intendiertes, zielorientiertes, eigenständiges Handeln bilden" (Drechsler & Steinhausen, 2013, S. 17). Der Begriff der Exekutiven Funktionen stammt ursprünglich aus dem Englischen und bedeutet Steuerungs- oder Leitungsfunktion. So gehört hierzu auch, die Aufmerksamkeit auf relevante Informationen zu fokussieren.

In verschiedener Literatur bilden Exekutiven Funktionen einen sogenannten „Umbrella"-Begriff, also einen Überbegriff unter dem vordergründig die Inhibition, das Arbeitsgedächtnis und die Kognitive Flexibilität aufgelistet werden. Für die kindliche Entwicklung sind weitere Bereiche von Bedeutung, um sich spätestens in der Schule orientieren zu können, die Strukturen und Abläufe einzuhalten und aufmerksam dem Lerngeschehen folgen zu können. Für diese weiteren Begriffe von Exekutiven Funktionen steht das „+" im Titel dieses Buches, da es in der kindlichen Entwicklung nicht ausreicht, sich auf drei Exekutive Funktionen zu reduzieren.

1.1 Aufmerksamkeit

Die Aufmerksamkeit ist eng mit dem Arbeitsgedächtnis verknüpft. Die Fokussierung auf Reize und Signale sind der Schlüssel für den Weg in das Arbeitsgedächtnis und somit für die bewusste Wahrnehmung. Selektive Aufmerksamkeit ist die Voraussetzung für Reizaufnahme- und -verarbeitung, damit diese Reize überhaupt auf den Weg ins Arbeitsgedächtnis gelangen können.

1.2 Arbeitsgedächtnis

Das Arbeitsgedächtnis ist ein Teil des Kurzzeitgedächtnisses. Es hat eine begrenzte Kapazität, um für eine kurze Zeit Informationen speichern, sie zu gebrauchen und ggf. weiterzuverarbeiten. Diese Fähigkeit ist wichtig, um z. B. seine Aufmerksamkeit willentlich zu lenken, Aufgaben im Kopf zu lösen und diese längerfristig abzuspeichern sowie Handlungsabläufe zielgerichtet zu planen. Müller (2013) sieht die „Zentrale Exekutive" (zuständig für die Aufmerksamkeit und Planung) als einen Teil des Arbeitsgedächtnisses, die sich nochmals in den „visuell-räumlichen

Notizblock" und die „phonologische Schleife" unterteilt. Diese beiden sensorischen Zugänge werden über ein aufmerksamkeitsbasierendes System kontrolliert.

Phonologische Schleife

Die „phonologische Schleife" steht für die Abspeicherung und Weiterverarbeitung von Informationen, die wir auditiv erfassen. Diese Fähigkeiten sind besonders wichtig für das Lernen und haben Auswirkungen vor allem auf das Lesen, Schreiben und Rechnen. So wurde z. B. der Zusammenhang zwischen den Komponenten des Arbeitsgedächtnisses und mathematischer Leistung in einer Vielzahl von Forschungsarbeiten untersucht.
Beispiel Schule: Das Kind bekommt mündlich eine Mathematikaufgabe genannt und soll das Ergebnis wiedergeben. Das Kind speichert die Aufgabe im Kurzzeitgedächtnis, um die Aufagbe schnell lösen zu können.
Beispiel Kita: Das Kind bekommt den Auftrag: „Räume bitte die Duplos ein." Das Kind hört den Auftrag und muss sich trotz etwailieger anderer Spielideen und um sich herum spielender Kinder auf das Aufräumen fokussiern. Mit zunehmenden Alter können Kinder Mehrfachaufträge erfassen, doch diese längeren Auftragsketten müssen geübt werden und sind von der Aufmerksamkeit abhängig. Wiederholungen unterstützen die auditive Reizaufnahme und -verarbeitung sowie das eigene Wiederholen des Gehörten.

Visuell-räumlicher Notizblock

Im „visuell-räumlichen Notizblock" werden kurzfristig Informationen abgespeichert und verarbeitet, die wir über den visuellen Kanal aufnehmen. Die sogenannte Momentaufnahme des Gesehenen wird also nur kurzfristig gespeichert, und falls als „wichtig" betrachtet, zur weiteren Verarbeitung weitergeleitet. Der visuell-räumliche Notizblock ist also auch von der Aufmerksamkeit abhängig, die bestimmt, auf welche Reize der Fokus gelegt wird und welche Details somit bewusst wahrgenommen werden. Wiederholungen des Gesehenen unterstützen die Selektion und das ausdauernde Fokussieren.

1.3 Planung

Die Planung, oder das sogenannte Monitoring, ist für die strukturierte Umsetzung eigener Handlungen und das Initiieren von Strategien notwendig. Dazu gehören auch Abläufe, Organisation und das Treffen von Entscheidungen.

1.4 Räumliche Wahrnehmung

Das Wahrnehmen und Einschätzen des zur Verfügung stehenden Raumes ist notwendig, um sich selbst als Person im Raum wahrnehmen zu können. Das Bauen mit den verschiedensten Materialien unterstützt die eigene Handlungsfähigkeit, um im Gedächtnis Bilder zu reproduzieren und abspeichern zu können. Mit der Verwendung von Präpositionen und unterschiedlichen Formen bzw. Größen kann in Zusammenarbeit mit dem visuellen, auditiven, vestibulären und taktil-kinästhetischen Bereich die räumliche Wahrnehmung entwickelt und gefestigt werden.

1.5 Inhibition

Die Inhibition beinhaltet, emotionale Impulse zu kontrollieren, etwaige Störreize auszublenden und die eigene Frustration zu tolerieren. Dazu gehört auch, Begrenzungen von anderen Kindern und Gegenständen einzuhalten und sich in Kooperation zu üben. In Kita und Schule bestehen für das Kind wenige Übungsmöglichkeiten, da es immer wieder Situationen ausgesetzt ist, wo es zu Provokationen kommen kann und dadurch erneute Stresssituationen entstehen. Durch zu viele Reize (z. B. Lautstärke, Unruhe durch Mitschüler) können sich manche Kinder in solchen Situationen nicht gut regulieren (hemmen) und diese ablenkenden Reize ggf. ausblenden. Selbstregulation und Selbstbeherrschung müssen mit bewusst eingesetzten Reizen gezielt geübt werden, um sich an Strukturen und Regeln im Alltag und innerhalb der Bildungseinrichtungen halten zu können.

1.6 Kognitive Flexibilität

Eine gute Kognitive Flexibilität ermöglicht es, Prioritäten festzulegen und Ziele zu setzen, auch wenn man mit vielen anderen Reizen konfrontiert wird. Das längerfristige Ziel ist, die Fähigkeit zwischen zwei Aufgaben hin und her zu wechseln und Aufgaben miteinander zu kombinieren. Das Arbeitsgedächtnis und die Inhibition stehen in Wechselwirkung mit der Kognitiven Flexibilität.

1.7 Zeitmanagement

Zeitmanagement bedeutet, die eigenen Handlungen zeitlich orientiert zu planen und umzusetzen. Sich an eine Zeitvorgabe zu halten und die Aufgabe innerhalb einer vorgegebenen Zeit umzusetzen, bedarf einer realistischen Einschätzung der eigenen Kompetenzen in den Bereichen Wahrnehmung, Motorik und Handlungsfähigkeit. Die Fähigkeit Reize ausblenden zu können, unterstützt die Umsetzung zeitlich vorgegebener Handlungen.

1.8 Achtsamkeit

Achtsame Handlungen sind bewusst gesteuerte Bewegungen, die kontrolliert und langsam umgesetzt werden. Die achtsame Bewegungssteuerung ist daher von der Aufmerksamkeit und der Inhibition abhängig. Achtsam wahrgenommene Reize üben im Bereich der Aufmerksamkeit die Selektion, also die bewusste Wahrnehmungsfähigkeit.

Um die individuellen Beobachtungen den einzelnen Bereichen zuordnen zu können, dienen die beiden nachfolgenden Grafiken als Orientierungshilfe, als Ergänzung unseres fachlichen Handlungskoffers und zur Verdeutlichung der prägnantesten Fähigkeiten der jeweiligen Exekutiven Funktion.

Aufmerksamkeit	Arbeitsgedächtnis (Kurzzeitgedächtnis)		Planung	Räumliche Wahrnehmung
	Phonologische Schleife	Visuell-räumlicher Notizblock		
▪ aufmerksames Zuhören ▪ Fokussierung ▪ Selektion ▪ Fokus auf eigene Handlungen setzen ▪ Details beachten ▪ bewusste Reizwahrnehmung ▪ Störfaktoren ausblenden ▪ ausdauernde Aufmerksamkeit auf eine Sache ▪ Handlungen ausdauernd ausführen ▪ Spielgeschehen verfolgen ▪ Spielreihenfolge wahrnehmen ▪ Serialität beachten	▪ auditive Merkfähigkeit ▪ Gehörtes abrufen können = Reproduktion ▪ einfache und Mehrfachaufgaben umsetzen ▪ Mehrfacheigenschaften innerhalb eines Spiels kurzfristig merken ▪ Aufgabenverständnis ▪ (selbstständige) Aufgabenumsetzung ▪ Seriale Abfolgen wiedergeben	▪ visuelle Merkfähigkeit ▪ Gesehenes abrufen können = Reproduktion ▪ Gegenstände an richtiger Stelle wiederfinden = Positionen merken ▪ kurzfristiges Merken von Mengen, Zahlen, Formen und Bildern ▪ Seriale Abfolgen wiedergeben	▪ (eigenständige) Strukturierung ▪ überlegtes/planvolles (zielgerichtetes) Handeln ▪ einzelne Handlungsschritte nach Abfolge planen und umsetzen ▪ sich organisieren ▪ Strategieentwicklung ▪ eigenständige Problemlösung ▪ Entscheidungen treffen ▪ Materialbeschaffung planen ▪ Gebrauch und Einsatz von Materialien ▪ bekannte Routinen einhalten ▪ Seriales Vorgehen	▪ Orientierung im Raum ▪ Überblick über den Raum verschaffen ▪ Raumgröße wahrnehmen ▪ räumliches Vorstellungsvermögen ▪ Größen(-verhältnisse) wahrnehmen ▪ Richtungswahrnehmung ▪ Raum-Lage-Wahrnehmung ▪ Rechts-/Links-Orientierung ▪ Präpositionen ▪ einzelne Gegenstände in der Menge finden ▪ Abstände einschätzen ▪ Räumliche Beziehungen ▪ Nähe- & Distanz-Gefühl entwickeln ▪ Großräumige Umsetzung ▪ Räume (gleichmäßig) ausfüllen ▪ Proportionen beachten ▪ eigenen Platz im Raum wahrnehmen ▪ Grenzen und Begrenzungen einhalten

Inhibition	Kognitive Flexibilität	Zeitmanagement	Achtsamkeit
■ Verhalten regulieren ■ Emotionsregulation ■ Impulskontrolle ■ Bewegungen regulieren ■ Risikobewusstsein ■ Gefahreneinschätzung ■ Innehalten ■ sich von kleinen Dingen nicht aus der Ruhe bringen lassen ■ Sprach- und Spiellautstärke dem Spiel bzw. Umfeld anpassen ■ regelgeleiteten Abläufen folgen ■ Spielregeln einhalten ■ Strukturen einhalten ■ Störfaktoren tolerieren und ausblenden ■ Rücksichtnahme ■ Reihenfolgen einhalten ■ keine ungefragten Hinweise geben ■ sich verbal regulieren (kein „Vorsagen" und „Dazwischen-Rufen") ■ Selbstregulation/ Selbstbeherrschung ■ angemessener Umgang mit neuen Situationen ■ Kooperation mit anderen = Verhalten anpassen ■ sich im sozialen Kontext reflektieren	■ sich immer wieder an eine veränderte Situation anpassen ■ Prioritäten setzen ■ Ziele festlegen und verfolgen ■ Neues mit Bekanntem verknüpfen ■ logisches Kombinieren ■ Flexibilität ■ Kombinieren von Aufgaben ■ (Handlungs-) Alternativen/Lösungen suchen/finden ■ Einzelteile zu etwas Ganzem zusammenfügen ■ Perspektivübernahme ■ Kategorienbildung/-differenzierung ■ visuelles Operieren ■ Gestaltschließen ■ Verknüpfung von Farben, Bilder, Mustern und Strukturen ■ vorhandenes Wissen abrufen und gezielt einsetzen ■ Reihen bilden und Fehlendes ergänzen/einfügen ■ multisensorische Integration ■ distale Reizverarbeitung ■ Material mit Mengen, Ziffern und Formen verbinden/gebrauchen ■ Wahrnehmungsprozesse mit kognitivem Wissen verbinden	■ zeitliche Planung ■ Zeit einschätzen ■ Zeitvorgaben/ zeitliche Begrenzungen einhalten ■ bewusste Zeiteinteilung ■ realistische Selbsteinschätzung ■ effektive Zeitnutzung	■ vorsichtige/langsame/kontrollierte Bewegungsausführungen ■ bewusste Bewegungssteuerung ■ Bewegungen den Gegebenheiten anpassen ■ bewusste Wahrnehmung ■ einzelne Reize fokussiert wahrnehmen ■ Differenzierung von Reizen (z. B. Laute oder Oberflächen) ■ Diskrimination ■ Spüren des eigenen Körpers ■ Sensibilität ■ angepasste Kraftdosierung ■ Rücksichtnahme im sozialen Miteinander ■ achtsamer Umgang mit Material

2. Kita und Schule meistern

Exekutive Funktionen entwickeln sich im Laufe der ersten Lebensjahre eines Kindes zunehmend. Zum Eintritt in die Schule sollten einige davon so gefestigt sein, dass das Kind den Schulalltag und die Lernsituationen angemessen schaffen sowie sich am Lernort zurechtfinden kann. Bei früher Beobachtung möglicher Auffälligkeiten, können bereits im Kindergartenalter die einzelnen Entwicklungsbereiche aufgegriffen und gefördert werden. Exekutive Funktionen müssen gezielt geübt werden, d. h. es müssen verschiedene Spielsituationen initiiert werden, um eine alltägliche, kindgerechte Lern- und Übungsfläche zu schaffen.

Das lässt sich für den Kitaalltag wie auch in das Lernsystem Schule übertragen. Um eine Förderung (z. B. Auswahl der Spiele) zielgerichtet zu planen, ist in beiden Bildungsbereichen zu berücksichtigen,

- in welchem Entwicklungsstand sich das Kind befindet,
- welche individuellen Ressourcen vorhanden sind,
- ob eine (ausdauernde) Fokussierung und/oder (bewusste) Selektion möglich ist,
- wie schnell die Auffassungsgabe ist,
- wie weit die auditive und visuelle Merkfähigkeit ausgeprägt sind,
- ob Prozesse der (selbstständigen) Organisation und Strukturierung im Alltag gelingen,
- in wie weit es sich im Raum wahrnimmt und sich in diesem Umfeld bewegen kann,
- wie es sich selbst im sozialen Kontext wahrnimmt und verhält (Regulation von Emotionen, Verhalten und Bewegungen),
- welche kognitiven Prozesse bereits entwickelt sind (z. B. Problemlösungsfähigkeit, Wissensverknüpfungen),
- ob es zeitliche Abläufe wahrnehmen und einhalten kann und
- in wie weit Reize wahrgenommen, differenziert und bewusst toleriert werden können.

Die Bereiche der Exekutiven Funktionen sind sehr umfassend und können Auswirkungen auf die gesamte Entwicklung haben. Wie die beiden nachfolgenden Fallbeispiele zeigen, sind die einzelnen Bereiche eng miteinander verknüpft und stehen in Wechselwirkung zueinander.

Es handelt sich um eine ganzheitliche Betrachtung zweier Kinder in der psychomotorischen Förderung, die neben den motorischen und sozial-emotionalen Auffälligkeiten auch Hinweise auf mangelnde Exekutive Funktionen geben (gelb hinterlegt).

2.1 Fallbeispiel Charlotte*: 8;5 Jahre alt

Charlotte kommt regelmäßig und ausgesprochen gerne zur psychomotorischen Förderung. Sie ist gut im Kontakt, ihre emotionale Schwingungsfähigkeit ist noch förderbedürftig. Gefühle kann Charlotte nicht wahrnehmen und ausdrücken. Aufgabenstellungen versucht sie gewissenhaft und mit viel Freude umzusetzen. Seriale Abfolgen können von ihr noch nicht erwartet werden. Während der Förderstunde erzählt sie vermehrt aus freien Stücken davon, was sie beschäftigt bzw. was sie im Alltag erlebt hat.

Beim gemeinsamen Bauen einer Bewegungslandschaft wird Charlottes Handlungsplanung gefördert, hier probiert sie nur selten neue Ideen aus. Sie ist nicht in der Lage, ihre Ideen und Wünsche zu kommunizieren, sodass das Erstellen nur sehr langsam an Struktur gewinnt. Charlotte ist sehr darauf bedacht, die Bewegungslandschaft mit den anderen gemeinsam zu bewältigen. Charlotte überlegt sich eigenständig Varianten, die Bewegungslandschaft zu bewältigen und ist bemüht, die ausgedachten Regeln einzuhalten. Ihr Arbeitstempo ist verlangsamt und die Varianten sind so gewählt, dass sie sich nur selten Herausforderungen sucht. Sie hat Abwehr- und Vermeidungsstrategien entwickelt, um sich nicht ihren Ängsten vor Neuem stellen zu müssen.

Das Bewältigen von Großgeräten in der Höhe bereitet Charlotte noch große Schwierigkeiten. Aufgrund ihrer Angst-Symptomatik äußert sie in diesem Zusammenhang vermehrt „das schaffe ich nicht". Durch positive Verstärkung und kleinschrittiges Vorgehen gelingt Charlotte die Bewältigung der Großgeräte in der Höhe zunehmend. Nach mehrfachem Wiederholen erzielt sie kleine Erfolge, die sie in ihrem Tun bestärken. In Gesprächen mit der Mutter wurde jedoch deutlich, dass Charlotte die bereits kleinen Erfolge noch nicht auf den Schulalltag übertragen kann, sodass sie ihre erworbenen Fähigkeiten z. B. nicht im Sportunterricht zeigen kann.

Koordinative Bewegungen bereiten Charlotte ebenfalls noch Schwierigkeiten. Bei engmaschiger Begleitung und langsamer Ausführung gelingen ihr komplexere Bewegungsabläufe zunehmend, sodass sie Freude daran entwickelt. Bei Wettspielen entwickelt Charlotte erstmalig Ehrgeiz. Hierbei zeigt sie sehr viel Freude und ist auch in der Lage, Frustration auszuhalten.

Im Bereich der Körperwahrnehmung wirkt Charlotte noch sehr unsicher. Durch verschiedene Angebote, wie z. B. Spürerfahrungen mit unterschiedlichem Material im taktil-kinästhetischen Bereich, konnte Charlotte ihre Erfahrungen erweitern und an Sicherheit gewinnen. Taktile Reize kann sie dabei noch nicht zuordnen und differenzieren.

Aufgaben mit Schmiermaterialien, wie zum Beispiel Rasierschaum, löst Charlotte ungern. Hier wird ihre taktile Überempfindlichkeit deutlich. Aufgaben dieser Art kann sie über einen kurzen Zeitraum annehmen, ist jedoch froh, wenn das Angebot gewechselt wird.

Charlotte profitiert innerhalb der Förderung vom Kontakt zu ein bis zwei Gleichaltrigen. Sie wirkt stetig sicherer im Umgang mit Anderen und kann jetzt offener und selbstbewusster agieren. Charlottes Klassenlehrerin konnte dies im Schulalltag ebenfalls beobachten und bestätigen. Sie ist ein beliebtes Mädchen, hat Freunde gefunden und sich auch mal getraut, vor der Klasse zu sprechen. Ihre sozial-emotionale Verfassung hat sich zwar verbessert, jedoch sind noch immer naive Verhaltensweisen zu beobachten. Lerninhalte bearbeitet sie langsamer und bekommt deshalb eine reduzierte Menge an Aufgaben. Das Verständnis für die Lerninhalte bereitet ihr große Schwierigkeiten, sodass diese von einer Integrationskraft mehrfach wiederholt werden müssen Es wird deutlich, dass Charlotte Lerninhalte nur schrittweise erfassen und gebrauchen kann.

In Elterngesprächen wurden die schulischen Schwierigkeiten und auffälligen Verhaltensweisen im Elternhaus thematisiert. Charlotte schafft es noch nicht, sich an ritualisierte Tagesabläufe zu halten. An- und

Ausziehen, Zähneputzen u. ä. können nicht ohne mehrfache Erinnerung umgesetzt werden, manchmal lüge Charlotte, es schon erledigt zu haben.
Charlotte zeigt sich in der Schule wenig aufmerksam und fokussiert. Trotz einer Integrationskraft fällt es ihr schwer, dem Unterricht zu folgen. Lerninhalte werden nicht behalten. Die Mutter wünscht sich eigentlich eine konkrete Lernförderung.

Das Beispiel von Charlotte zeigt vor allem die Lernschwierigkeiten, u. a. bedingt durch die Auffälligkeiten in ihren Exekutiven Funktionen. Neben ihrer geringen Aufmerksamkeitsspanne, sind im Arbeitsgedächtnis beide Kanäle der Zentralen Exekutive betroffen, wodurch Charlotte Gehörtes und Gesehenes nur mit sehr viel Wiederholung erfassen kann. Sie zeigt neben ihren emotionalen Auffälligkeiten (Ängste, geringe emotionale Schwingungsfähigkeit) ebenfalls typische Hinweise auf mangelnde Exekutive Funktionen, wie die fehlende Erfassung und nur geringe (eigenständige) Umsetzung eines ritualisierten Tagesablaufs (Handlungsplanung). Zudem fällt ihr die bewusste Reizwahrnehmung noch schwer.

2.2 Fallbeispiel Niklas*: 5;1 Jahre alt

Wenn Niklas zur Förderung kommt, kann er sich mit dem Hocker vor dem Waschtisch sicher organisieren, um sich die Hände zu waschen und anschließend abzutrocknen. Niklas trägt noch eine Windel. Durch Angebote und Förderung der Eigen- und Tiefenwahrnehmung wird der Prozess der Sauberkeitserziehung im Elternhaus unterstützt.

Niklas kann sich gut von seiner Mutter lösen, er beginnt die Förderung fröhlich und aufgeschlossen. Während der Begrüßung schneidet er gerne lustige Grimassen und plappert vor sich hin, ohne ein direktes „Hallo" zu sagen. Während des An- und Auskleidens benötigt Niklas noch viel Begleitung. Er ist abgelenkt von äußeren Einflüssen und der Interaktion mit einem Erwachsenen. Er benötigt Aufforderungen, um den Fokus auf das Vorhaben zu lenken, arbeitet dann in seinem eigenen Tempo. Seine gesamte Organisation ist langsam, aber strukturiert und ordentlich, so kann er sich seine Stoppersocken bereits selber ausziehen.

Niklas spricht noch sehr leise, zaghaft und in einer hohen Tonlage. Er spricht mit vertrauten Personen in Mehrwortsätzen. Niklas erzählt gerne und experimentiert mit seiner Stimme. Er singt immer wieder kleine Liedausschnitte. Schwierigkeiten hat er, auf Fragen zu antworten, jemanden zu begrüßen und etwas zu beschreiben. Bei direkter Ansprache hält er sich die Augen und geniert sich. Sein sprachliches Verständnis ist auffällig, aber in der Förderung sind Fortschritte festzustellen. Auffälligkeiten zeigen sich beim Gegensätze benennen, nach Aufforderung etwas nachzusprechen und Bilder einem Überbegriff zuzuordnen.

Im taktil-kinästhetischen Bereich zeigt Niklas deutliche Ablehnung. So vermeidet er es, durch enge Räume hindurchkriechen, Massagen und mit Säckchen belegt zu werden.

Niklas trägt seit kurzer Zeit eine Brille, er hat eine Sehschwäche. Auffälligkeiten zeigen sich noch in seiner Auge-Hand-/Auge-Fuß-Koordination. So übt er sich noch in Ballspielen und feinmotorischen Herausfor-

derungen. Niklas hat vor kurzem gelernt, die Grundfarben richtig zu benennen. Lange Zeit war er hier unsicher und besonders die Farbe Rot konnte er sich nicht merken bzw. zuordnen. Niklas zeigt Auffälligkeiten im visuellen Gedächtnis. Er hat Schwierigkeiten, sich Gegenstände, Bilder oder Farben zu merken sowie diese wiederzufinden. Er zeigt auch noch Auffälligkeiten in der auditiven Aufmerksamkeit. Aufforderungen und Anweisungen müssen mehrfach wiederholt werden. Kurze knappe Aufgabenstellungen, die er verstanden hat, bleiben ihm kurz in Erinnerung, müssen dann aber wiederholt werden. Die auditive Lokalisation gelingt ihm gut. Leise Geräusche kann er im Raum wahrnehmen und lokalisieren. Manchmal ist es nicht ganz deutlich zu erkennen, ob Niklas eine Aufgabe nicht versteht oder ob er sich aus einer Verhaltensproblematik heraus so verhält.

Niklas hat noch keine Handdominanz sicher ausgebildet. Er arbeitet sowohl mit der linken als auch der rechten Hand zeitweise im Vierpunktgriff, aber es fehlt die Feinabstimmung, wechselnde Kraft und Ausdauer. Die Beschäftigung mit Knetmasse strengt ihn sehr an, so dass er stattdessen erzählt und mit dem Material experimentiert und somit von der Aufgabe ablenkt. Es fällt ihm schwer, die Schere zu greifen und auf einer Linie zu schneiden. Der altersgerechte Umgang mit Schere, Kleber und Stiften wird noch von ihm geübt. In anderen feinmotorischen Herausforderungen benutzt er beide Hände, die Koordination des Zusammenspiels hat ebenfalls noch Förderbedarf. Im Auffädeln von Perlen, beim Malen eines Kreises und im Zusammenbauen von Konstruktionsmaterialien zeigt Niklas große Schwierigkeiten.

In Rollenspielen hat Niklas viel Ausdauer und findet in wiederkehrenden Rollenbildern Freude am gemeinsamen Tun. Während eines Regelspieles benötigt er Unterstützung beim Zählen des Würfelbildes, im Spielprozess kann er zunehmend sicherer die Spielfiguren entsprechend setzen. Er hat noch nicht verinnerlicht, dass mit der Eins beim Zählen begonnen wird. Es fällt ihm schwer, nach Aufforderung Dinge anzureichen. Alle kognitiven Anforderungen bereiten ihm Schwierigkeiten, das Zusammensetzen von kleineren Puzzles gelingt ihm nur mit Hilfe.

Niklas ist ein sehr bewegungsfreudiger Junge. Er ist in der Lage, Gegenstände gebückt und gehockt, ohne dabei das Gleichgewicht zu verlieren, vom Boden aufzuheben. Er hüpft mit geschlossenen Füßen und zeigt dabei Ausgleichsbewegungen mit dem gesamten Körper. Das statische und dynamische Gleichgewicht (z. B. Balancieren, Einbeinstand) bereiten ihm noch Schwierigkeiten.

Bei Spielen mit Bällen zeigt er eine verzögerte Fangbewegung. Das Werfen wirkt unkoordiniert und die Kraftdosierung ist gering. Er klettert und schaukelt gerne auf verschiedenen Geräten. Spiele, in denen die gesamte Körperkoordination gefragt ist, fallen ihm schwer. Motorische Anforderungen, die in der Höhe stattfinden, z. B. das Bewegen über eine aufgehängte Bank als Brücke, probiert er nur mit Unbehagen. Er tastet sich langsam an die Herausforderung heran und übt sich Schritt für Schritt. Das Überwinden gelingt ihm dann in einer niedrigeren Körperposition. Niklas übt sich im rückwärts Herunterklettern und nimmt bereitwillig Hilfestellung an.

Trotz der positiven Entwicklung zeigen sich weiterhin Schwierigkeiten im Bereich der Aufmerksamkeit, der kognitiven Verarbeitung und im Bereich der motorischen Fertigkeiten. Es gilt, Niklas in seinem Selbstwert zu unterstützen und sein Vermeidungsverhalten abzubauen.

Wie bei Niklas beschrieben, zeigen sich hier noch Auffälligkeiten in seinen Alltagshandlungen und der Selbstständigkeit. Seine emotionale Entwicklung und Bindungsfähigkeit ist noch nicht altersentsprechend entwickelt. Umfassende Entwicklungsauffälligkeiten in der Kognition, Wahrnehmung, Interaktion und der Motorik sind bei ihm ebenfalls zu beobachten. Im Bereich der Exekutiven Funktionen ist besonders sein Arbeitsgedächtnis, hier in der Phonologischen Schleife und seinem visuell-räumlichen Notizblock, der Zentralen Exekutiven betroffen. Eine erhöhte Ablenkbarkeit und geringe Merkfähigkeit führen zu Schwierigkeiten im Aufgabenverständnis und in der Aufgabenumsetzung. Durch seine mangelnde Kognitive Flexibilität fällt es ihm schwer, Dinge zuzuordnen und zusammenzusetzen. Tägliche Abläufe sind für ihn erschwert, weil seriale Abfolgen, Organisation und Handlungsplanung noch förderbedürftig sind. Zudem benötigt er Unterstützung in der bewussten Bewegungssteuerung.

*Name geändert

3. Gruppensetting

Die Förderung Exekutiver Funktionen, insbesondere mit einem psychomotorischen Schwerpunkt, findet in den meisten Fällen im (Klein-)Gruppensetting statt. Besonders förderlich sind dabei Bewegungsaktivitäten, bei denen ein Interagieren mit anderen Personen gegeben und dadurch bedingt eine ständige Neuanpassung unterschiedlicher Situationen gefordert ist (Boriss 2015). Gruppen ermöglichen alltagsnahe Situationen (Michel & Wingeier 2020). Da sich auch äußere Einflüsse stark auf die Entwicklung und Ausbildung exekutiver Funktionen bei Kindern auswirken können (Klein & von Salisch 2016), soll im Folgenden das Gruppensetting näher betrachtet werden.

3.1 Rahmenbedingungen

Viele Rahmenbedingungen sind oftmals bereits institutionell festgelegt (z. B. Gruppenkonstellation, -größe, zur Verfügung stehender Raum, Gruppenleitung, vorhandenes Material). Im Falle einer möglichen Veränderbarkeit sollten die Rahmenbedingungen auf die individuellen Voraussetzungen der Kinder/der Gruppe angepasst werden (Köckenberger 2016). Dabei werden sowohl der zeitliche Umfang als auch die Raumstruktur betrachtet. Die optimale Dauer einzelner Fördereinheiten richtet sich nach dem Entwicklungsstand der Kinder, sollte jedoch 20 Minuten nicht unterschreiten, da bei einer längeren Fördereinheit auch die Auswirkungen auf die Exekutiven Funktionen steigen. Dies gilt jedoch nur, solange eine Überforderung der Kinder vermieden wird (Boriss 2015). Die gesamte Förderung sollte kontinuierlich stattfinden und sich über einen längeren Zeitraum erstrecken. Zu beachten ist zudem, dass die spezifische Förderung Exekutiver Funktionen anstrengend für die Kinder ist, sodass der Zeitpunkt der Förderung so gewählt sein sollte, dass im Laufe des restlichen Tages keine Anforderungen mehr an die Kinder gestellt werden, die eine hohe Selbstregulation erfordern (Boriss 2015). Im Hinblick auf den psychomotorischen Schwerpunkt und den positiven Einfluss von Bewegungsaktivität im Zusammenspiel mit kognitiven Anforderungen (Klein & von Salisch 2016), sollte der Raum der Förderung so gewählt sein, dass (großräumige) Bewegung möglich ist. Da bei der Förderung Exekutiver Funktionen im Schulalter der Bezug zu schulischen Strukturen erhalten werden soll, eignen sich auch Räumlichkeiten im Schulsetting als Förderort (Boriss 2015). Der gewählte Raum sollte darüber hinaus reizarm gestaltet sein, um die Kinder nicht mit Reizen (z. B. durch zu viel Material) zu überfluten und ihnen so eine Fokussierung auf die gestellten Anforderungen zu erleichtern (Quante, Evers, Otto, Hille & Walk 2016).

3.2 Rituale und Struktur

Neben einer reizarmen Umgebung sind in der Förderung Exekutiver Funktionen auch klar definierte und transparent besprochene Regeln und Strukturen wichtig (Michel und Wingeier 2020). Damit wird den Kindern ein Rahmen geschaffen, der ein „soziales Miteinander“ (Quante et al. 2016, S. 425) ermöglicht und sie dabei unterstützt, sich selbst zu regulieren. Rituale, wie beispielsweise eine Gesprächsrunde zu Beginn der Fördereinheit, die immer am selben Platz stattfindet, helfen den Kinder, sich innerhalb des Raumes und der Gruppe zu orientieren und geben ihnen Sicherheit (Michel & Wingeier 2020). Zudem können in den Gesprächsrunden bereits Aspekte der Förderung Exekutiver Funktionen eingebaut werden, wie beispielsweise den anderen Kindern ausreichend Redeanteile zu überlassen und zuzuhören, ohne dabei seine eigenen Gedanken sofort zu äußern (= Inhibition) (Deffner, Quante & Walk 2017). Kleinere Hilfsmittel können dabei eingebaut werden, um den Kindern zu helfen, sich zu regulieren (z. B. Sitzplatten zur Orientierung im Gesprächskreis in Verbindung mit der Absprache während des Rituals sitzen zu bleiben) (Deffner, Quante & Walk 2017). Auch eindeutige zeitliche Vorgaben (ggf. visualisiert durch eine Sanduhr/Stoppuhr) und eine enge Begleitung durch die Fachkraft, helfen den Kindern, sich an vorgegebene und besprochene Strukturen zu halten (Michel & Wingeier 2020). Der Grad der inhaltlichen Strukturierung der Angebote zur Förderung Exekutiver Funktionen hängt wiederum von dem Alter/Entwicklungsstand der Kinder sowie den angestrebten Förderzielen ab (Heilbrunner 2021).

3.3 Gruppenkonstellation

Die innere Struktur der Gruppe spielt eine große Rolle im Hinblick auf die Wirksamkeit der Förderung. Dabei kann sowohl die Größe der Gruppe als auch ihre Zusammensetzung Einfluss nehmen. Hinsichtlich der Gruppengröße gibt es keine einheitlichen Vorgaben/Orientierungen, welche Anzahl an Kindern zur Förderung Exekutiver Funktionen als optimale Ausgangslage angesehen wird (Boriss 2015). Um die individuelle Ausrichtung und Anpassung der Inhalte auf die teilnehmenden Kinder gewährleisten zu können, eignen sich in der Regel jedoch eher kleinere Gruppen von bis zu 10 Kindern (Boriss 2015). Die Gruppengröße hängt oftmals auch von feststehenden Faktoren, wie beispielsweise der Raumgröße oder des Personalschlüssels, ab. Aufgrund der angestrebten alltagsnahen Förderung sollte die Gruppenzusammensetzung, wie auch in Kitagruppen und Schulklassen, in Bezug auf die individuellen Voraussetzungen und die Geschlechter heterogen angelegt sein (Boriss 2015). Bezüglich der Altersstruktur innerhalb einer Gruppe empfiehlt sich jedoch eher ein homogenes Gruppengefüge mit einer Altersspanne von maximal zwei Jahren, um eine mögliche Über-/Unterforderung der Kinder zu vermeiden (Zimmer 2019).

3.4 Pädagogische Begleitung

Die Förderung Exekutiver Funktionen sollte zwingend von einer pädagogischen Fachkraft angeleitet werden, da diese eine wichtige Rolle im Hinblick auf die Wirkung einnimmt (Deffner et al. 2017). Die wichtigste Aufgabe der Fachkraft ist es, die Inhalte der Förderung entwicklungsorientiert auf die teilnehmenden Kinder anzupassen, um so die Motivation aufrecht zu erhalten und Lernerfolge zu generieren (Boriss 2015). Sie sollte dabei jedoch nicht als reine Anleiterin fungieren, sondern stattdessen die „Selbststeuerungsprozesse [...]“ (Quante et al. 2016, S. 425) der Kindern angemessen begleiten. Unter Berücksichtigung des psychomotorischen Schwerpunktes ist dabei eine pädagogische Haltung notwendig, die die Individualität der Kinder berücksichtigt, ihnen Zutrauen in die eigenen Fähigkeiten vermittelt, sie in ihrem Tun unterstützen und „passende Impulse“ (Deffner et al. 2017, S.192) in die Fördereinheit einbringt, um die Entwicklung der Exekutiven Funktionen voranzutreiben. Zudem soll die spielerische Herangehensweise, beispielsweise durch die Verwendung von Material mit einem hohen „Aufforderungscharakter“ (Boriss 2015, S. 134), erhalten werden, damit die Kinder nicht das Gefühl bekommen, etwas Spezifisches zu üben.

4. Sensibilisierung und Regulation durch bewusst eingesetzte Wahrnehmungsreize

Kinder mit unzureichenden Exekutiven Funktionen haben häufig Schwierigkeiten, aufmerksam zu sein, sich zu fokussieren und damit Konzentrationsfähigkeit zu erwerben. Das zeigt sich vor allem in Alltagssituationen im Kindergarten und in der Schule.

Beispiel aus einer Kita:
Im Gruppenraum entstehen durch alltägliche Spielsituationen viele Hintergrundgeräusche:
An einem Tisch spielen drei Kinder ein Gesellschaftsspiel und lachen dabei, in der Puppenecke findet ein Einkauf statt, zwei andere Kinder singen Lieder und auf dem Bauteppich kommen gerade die lautstarken Bagger zum Einsatz. Wenn ein (organisch gesundes) Kind in so einer alltäglichen Situation z. B. nicht auf Ansprache reagiert oder sich auf eine gezielte Tätigkeit konzentrieren kann, wird es vielleicht von vorhandenen Umgebungsgeräuschen auditiv überschwemmt. Das Kind kann, die für ihn unwichtigen auditiven Reize nicht ausblenden oder filtern (auditive Figur-Grund-Wahrnehmung) und wird davon unbewusst gestört.

Dieses Beispiel ist auf die Schule übertragbar. Lehrer*innen unterstützen Kinder z. B. in Selbstlernphasen und bei Klassenarbeiten bereits mit Kopfhörern, die diese Außengeräusche ausblenden. Die auf das Kind einwirkenden Reize können über die verschiedenen Wahrnehmungssysteme störend wirken. Auditive und visuelle Reize gelten vorherrschend als Störfaktoren. Doch Kinder können auch durch einen bestimmten Geruch oder aufgrund der taktil-kinästhetischen Reize, die beispielsweise von rauer Kleidung ausgehen können, abgelenkt sein.
Haben Kinder für sich, mitunter der Hilfe von Erwachsenen, die jeweiligen Ablenkungsfaktoren auf der Wahrnehmungsebene identifiziert, können Hilfestellungen in Form einer Auszeit (z. B. visualisiert durch eine Hilfskarte) oder Selbstinstruktionshilfen installiert werden. Ein Beispiel für solchen Hilfestellungen ist online zum Download verfügbar.

Reize müssen erst einmal bewusst wahrgenommen werden, um auch „Störreize" identifizieren zu können. Um Kindern die Möglichkeit zu bieten, die einzelnen Reize zu filtern, müssen Kinder zuerst über die verschiedenen Kanäle in ihrer Wahrnehmung sensibilisiert werden.
Dazu eignen sich z. B. Achtsamkeitsübungen, bei denen der Fokus auf ein bestimmtes Detail (Reiz) gelenkt wird, um diesen bewusst wahrzunehmen bzw. ein Wahrnehmungssystem gezielt einzusetzen. Die Kinder fokussieren sich dabei auf eine Sache und inhibieren sich gleichzeitig in Sprache, Verhalten und Bewegung. Die vorher unbewusst wahrgenommenen negativen Reize werden erst einmal in positive Reize umgewandelt. Mit zunehmender Sensibilisierung können im weiteren Verlauf bewusst Ablenkungsreize in Spielen eingesetzt werden.

4.1 Achtsamkeitsübung mit taktilen Reizen

Die Hände sind täglich in Gebrauch und so lassen Kinder meistens eine Diskrimination mit den Fingerspitzen zu. Es erfordert Feingefühl und Fokussierung von Details, die sprachlich noch beschrieben werden wollen sowie Vorlieben bzw. Abneigungen zum Vorschein bringen. Taktile Reize können später auf die Füße ausgeweitet werden, z. B. Barfußspaziergänge oder künstlich hergestellte Taststraßen.

Achtsamkeitsübung „Tastkiste“

In eine Tastbox (alternativ Säckchen oder ein Karton mit zwei Löchern an einer Seite für die Hände des Kindes) werden verschiedene Materialien und Gegenstände zum Fühlen und Tasten hineingegeben. Eine Möglichkeit besteht darin, mit verschiedenartigen Textilien die Materialbeschaffenheit mit Adjektiven beschreiben zu lassen oder eine Verbindung zu bekannten Alltagsgegenständen herzustellen. Des Weiteren kann man von den Textilien jeweils zwei von der gleichen Art in die Tastbox geben. Über Diskrimination kann das Kind die passenden Pärchen finden.

Achtsamkeitsübung „Fingerspitzengefühle“

Zur Vorbereitung werden einzelne Formen, Buchstaben, Zahlen oder gut erkennbare Gegenstände (wie Schnecke, Haus, Sonne etc.) mit flüssiger durchsichtiger Klebe (alternativ Klebepistole) auf festeres Papier gemalt. Nach dem Trocknen sollte das Klebebild zu spüren, aber nicht zu sehen sein. Mit geschlossen/verbundenen Augen wird mit den Fingerspitzen gefühlt, um welche Vorlage es sich handelt.

4.2 Achtsamkeitsübung mit vestibulären Reizen

Zur Ruhe kommen und langsame Bewegungen auszuhalten, ist nicht für alle Kinder leicht. Über schnelle vestibuläre Reize wird die Verarbeitung kompensiert und eine bewusste Wahrnehmung verhindert.

Achtsamkeitsübung „Drehung“

Mit Hilfe eines Kreisels, einer Drehscheibe oder einem Sitzsack kann das sitzende Kind mit minimalen Drehbewegungen stimuliert werden und später für vestibuläre Reize sensibilisiert werden.

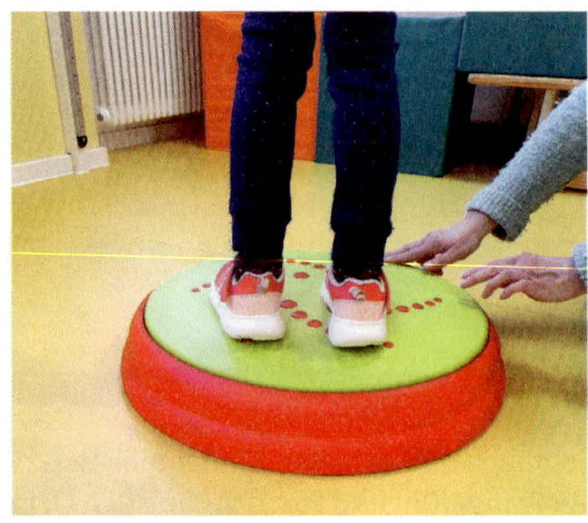

4.3 Achtsamkeitsübung mit taktil-kinästhetischen Reizen

Das Spüren des eigenen Körpers ist eine wichtige Voraussetzung für die Entwicklung des Körperschemas und für ein positives Selbstkonzept. Bewegungsfreudige Kinder, die selten zur Ruhe kommen, müssen sich z. B. immer wieder intensiv spüren, um ihre Körpergrenzen zu erfassen und sich zentrieren zu können.

Achtsamkeitsübung „Spür doch mal!“

Das einzelne Kind liegt mit dem Rücken auf den Fußboden/Matte. Die Klangschale wird auf den Bauch des Kindes gelegt und mit dem Lederschlegel langsam in Schwingung gebracht (umkreisende Bewegung am oberen Außenrand der Klangschale). Das Kind spürt die zunehmende Vibration der Klangschale, während andere Kinder der Klangerzeugung lauschen. Das liegende Kind spürt in sich hinein und gibt Rückmeldung, wenn es keine Vibration mehr spürt. Die Vibration ist in der Regel länger zu spüren als der Klang zu hören ist.

Achtsamkeitsübung „Spür die Schwere!"

Benötigt werden mehrere gleichaussehende verschließbare Flaschen. Als Füllmaterial, welches vor dem Befüllen abgewogen werden muss, eignen sich Spielsand, feiner Kies, Reis oder Hülsenfrüchte (Linsen, Bohnen, Erbsen). Für ein Memory müssen zwei Flaschen mit dem gleichen Gewicht gefüllt werden. Je nach Größe der Flasche kann die Schwere erweitert werden. Hier sind die Flaschen mit 50g, 100g,125g, 150g, 200g, 250 g und 300g gefüllt. Durch Spüren des Gewichtes werden nun gleiche Gewichtspaare gefunden.

Schritt für Schritt ein Gewichtsmemory selber herstellen

Achtsamkeitsübung „Ball in den Reifen"

Die Kinder sitzen in einem großen Innenstirnkreis. In der Mitte liegt ein Reifen. Mit einem handelsüblichen Gymnastikball hat jedes Kind nun einmal die Möglichkeit, den Ball in die Mitte Richtung Reifen zu rollen. Ziel ist es, dass der Ball im Reifen zum Liegen kommt. Das achtsame Rollen des Balles mit einer adäquaten Kraftdosierung ist neben der Bewegungssteuerung auf motorischer Ebene und der Inhibition auf der Verhaltensebene von Bedeutung und kann zunehmend über die taktil-kinästhetische Wahrnehmung geübt werden.

4.4 Achtsamkeitsübung mit visuellen Reizen

Visuelle Reize gelten mit als größte Ablenkungsfaktoren. Überreizte Raumgestaltung durch viele Farben oder verschiedene Gegenstände, Bilder u. ä. sind nicht für alle Kinder gleich gut auszublenden. Herausfordernde Situationen, die mit viel Unruhe verbunden sind, können ebenso ein Ablenkungsfaktor sein wie grelle Lampen. Letzteres kann vor allem lichtempfindliche Kinder in ihrer Aufmerksamkeit stören.

Achtsamkeitsübung „Spaziergang"

Für einen Spaziergang mit visuellem Fokus eignet sich besonders gut der Wald, aber auch das Außengelände der Bildungseinrichtung kann hierfür Möglichkeiten bieten. Die Kinder haben die Aufgabe, allein in geringem Tempo spazieren zu gehen und sich bewusst umzusehen. Dabei sollen sie den Fokus auf Details lenken und so Dinge entdecken, die im alltäglichen Spiel übersehen werden. Die Zeit für diesen Spaziergang kann frei gewählt werden und sollte den teilnehmenden Kindern angepasst sein. Anschließend erzählen die Kinder über Ihre Entdeckungen oder malen diese auf ein Blatt Papier.
Varianten: Die Kinder bekommen eine Beobachtungsaufgabe, wie z. B. Insekten zu entdecken und eine Zeit lang zu beobachten. Eine andere Möglichkeit ist, die Kinder etwas Bestimmtes einsammeln zu lassen (z. B. kleine Steine in verschiedenen Farben).

Achtsamkeitsübung mit dem Spiel „Fuchs und Hase"[1]

Dieses Spiel eignet sich für die kleineren Kinder ab 3 Jahren. Die ausgestanzten Karten werden genutzt, um in der Umgebung des Kindes ein Farb- und Flächen-Suchlabor entstehen zu lassen. Die Kinder bekommen bei jeder Karte die Aufgabe, den passenden farblichen Hintergrund zu finden und die ausgestanzten Flächen damit passend zu füllen.

4.5 Achtsamkeitsübung mit auditiven Reizen

Das Sensibilisieren von auditiven Reizen hilft den Kindern, sich auf etwas Gehörtes zu fokussieren.

Achtsamkeitsübung „Ballhören"

Alle Kinder sitzen in einem Außenstirnkreis. In der Mitte des Kreises liegen Bälle mit unterschiedlichen Eigenschaften (z. B. Sprungfähigkeit, Materialbeschaffenheit, Größe). Während die Kinder keinen Blick auf die Bälle haben, wird ein Ball kurz angehoben und wieder fallen gelassen. Hierbei machen die Bälle unterschiedlich lange Geräusche, die sich je nach Art des Balles auch in der Tonlage unterscheiden können. Wenn der Ball zur Ruhe gekommen ist, drehen die Kinder sich herum und erraten, welcher Ball bewegt wurde. Zur Kontrolle wird der von den Kindern auserkorene Ball nochmals bewegt und mit dem vorherigen Geräusch verglichen. Stimmt das Geräusch überein, kann die Achtsamkeitsübung mit einem anderen Ball wiederholt werden.

---

[1] *Spiel „Fuchs und Hase das Flächensuchspiel", Pegasus Spiele, EAN: 9783934657847*

Achtsamkeitsübung „Ton aus, bitte!"

Auf einem Tuch werden verschiedene Gegenstände bereitgelegt, die Geräusche machen können. Kleine Orff-Instrumente eignen sich dazu genauso gut, wie selbst aufgezogene Perlenketten, ein Murmelring oder ein paar, mit einer Büroklammer verbundenen Glöckchen. Die einzelnen Gegenstände sollten den Kindern entsprechend ausgewählt werden. Als Hebematerial eignen sich Ess-Stäbchen, alle Arten von Zangen aus dem Feinmotorik Bereich oder die Grillzange von zu Hause. Die Kinder versuchen nun reihum mit einer Zange einen Gegenstand vom Tuch hochzuheben, ohne dass Geräusche zu hören sind. Die Umgebung sollte dabei möglichst still sein, damit auch minimale Geräusche gehört werden können. Ist ein Geräusch zu hören, muss der Gegenstand wieder abgelegt werden und das nächste Kind ist an der Reihe. Die Auswahl der Zange trifft das Kind selbst.

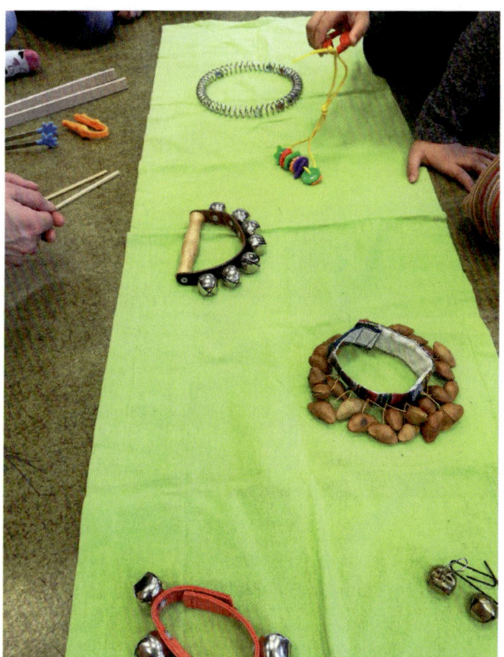

4.6 Achtsamkeitsübung mit olfaktorischen Reizen

Das bewusste Wahrnehmen von olfaktorischen Reizen bietet die Möglichkeit Vorlieben und Abneigungen gegen bestimmte Gerüche zu erkunden.

Achtsamkeitsübung „Riechmemory"

Zur Vorbereitung werden in mehreren, gleich aussehenden, verschließbaren Behältern verschiedene Duftstoffe gegeben. Die Inhalte können im Vorfeld mit den Kindern in der Natur gesammelt werden (z. B. Kamille, Pfefferminze, Kräuter, Baumrinde), aus den Haushaltsvorräten entnommen werden (z. B. Kaffee, Tee, Vanillestange, Gewürze) oder man verwendet natürliche Duftöle. Für eine Zuordnung nach Memory Art werden zwei Behälter mit den gleichen Düften bestückt, die die Kinder versuchen als Paar zu finden.

Achtsamkeitsübung Riechparcours (ab 6 Jahre)

Zur Vorbereitung dieser Achtsamkeitsübung müssen die Ursprungsquellen der verwendeten Düfte abfotografiert werden. Für einen Riechparcours werden dann die verschiedenen Behälter verteilt. Die Kinder versuchen nun die Bildkarten den Düften zuzuordnen.

4.7 Achtsamkeitsübung in der Bewegung

Achtsamkeitsübungen in der Bewegung können in Einzel- oder Partnerarbeit oder in einer Kleinstgruppe durchgeführt werden. Achtsamkeit bedeutet hier Langsamkeit, bewusste Abstimmung oder das Einnehmen von Bewegungen.

Achtsamkeitsübung „Imitation“

Für die bewusste Umsetzung des eigenen Körpers in der Bewegung eignen sich z. B. Tiere oder (ruhige) Wetterphänomene. Mit selbst gestalteten Karten können Kinder zur Nachahmung von Tierbewegungen animiert werden: „Flieg` so leise wie ein Schmetterling“, „Stell dich auf ein Bein wie ein Flamingo“ oder „Kriech so langsam wie eine Schnecke“. Für Wetterphänomene eignet sich z. B.: „Bewege dich so leicht wie eine Schneeflocke“, „Öffne deine Arme wie eine langsam aufgehende Sonne“ oder „Beweg dich durch den Raum wie eine sanfte Brise“.

Achtsamkeitsübung „Reifenschlitten“ (Partnerarbeit/Kleinstgruppe)

Zur Vorbereitung wird ein Seil an einen Reifen geknotet. Das andere Ende des Seils bindet sich ein Kind um den Bauch. Das Partnerkind stellt sich in den Reifen. Das Kind mit dem Seil um den Bauch setzt sich langsam in Bewegung, während das Kind im Reifen versucht durch Geschwindigkeitsanpassung dem laufenden Kind innerhalb des Reifens zu folgen. Das vordere Kind kann das Tempo wechseln, sollte aber gleichzeitig achtsam auf das hintere Kind sein.
Variation: Das Kind zieht zwei Reifen hinter sich her, so dass zwei Kinder sich gleichzeitig auf das Tempo abstimmen muss.

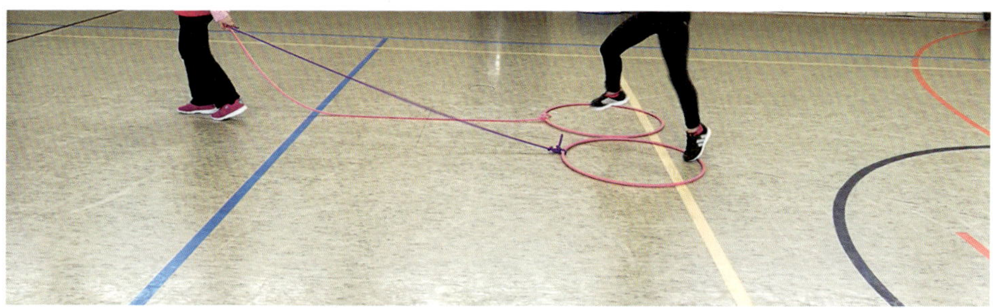

5. Psychomotorische Förderung exekutiver Funktionen

Die folgenden Praxisanregungen zur Förderung Exekutiver Funktionen umfassen, je nach Schwerpunktsetzung, verschiedene Förderaspekte und Bereiche. Zudem enthalten sie Variationen zur Anpassung der Zielsetzung bzw. zur individuellen Ausrichtung, je nach Entwicklungsstand des Kindes. Alle Praxisanregungen enthalten darüber hinaus psychomotorische Impulse und Handlungsweisen, die genau dort ansetzen. Die enthaltene Flexibilität hinsichtlich der Gruppengröße, der Schwerpunktsetzung und des Schwierigkeitsgrades, bietet den Fachkräften die Möglichkeit der variablen Umsetzung. Somit können die Kinder sich, unter Berücksichtigung ihrer individuellen Voraussetzungen, ganzheitlich weiterentwickeln und Exekutive Funktionen in einem geschützten Rahmen ressourcenorientiert verbessern. Die Praxisanregungen basieren dabei auf einer bewegungsorientierten und spielerischen Förderung, um auch Kinder mit einer geringen Aufmerksamkeitsspanne und/oder erhöhtem Bewegungsdrang anzusprechen. Trotz eines gewissen notwendigen Maßes an Strukturierung, welches die Förderung Exekutiver Funktionen erfordert, wird immer wieder versucht, den Kindern Raum für Entscheidungsfreiheit und zu selbstbestimmtem Handeln zu ermöglichen. In vielen Spielen wird ihre Kreativität angesprochen und es werden ihnen ganzheitliche (Wahrnehmungs-)Erfahrungen geboten. Die Förderbeispiele beinhalten dazu vielfältige Möglichkeiten zu Körper-, Material und Sozialerfahrungen, die die Kinder in Selbstwirksamkeit erleben können.

5.1 Bewegungslandschaften

5.1.1 Fliegende Untertassen

Altersgruppe: 4–8 Jahre
(Spiel-)Dauer: ca. 30 Minuten
Setting: Gruppe von 3–6 Kindern

Material:

- verschiedene Klein- und Großgeräte zum Aufbau eines Gleichgewichtsparcours – z. B. mit Wackelbrett, Flusssteine, Balance-Steine, Seile, Bank
- Schaumstoff-Frisbees (Fliegende Untertassen)

Vorbereitung:

- einen Planeten (Gleichgewichtsparcours) mit verschiedenen Herausforderungen (kreisförmig) aufbauen
- Frisbees in der Mitte bereitlegen

Durchführung:
Ein Kind erkundet langsam (!) die verschiedenen Hindernisse des unbekannten Planeten (Gleichgewichtsparcours). Auf ein Signal kommen plötzlich „fliegenden Untertassen“ angeflogen und versuchen die „Eindringlinge“ von Ihrem Weg abzubringen. Die anderen Kinder befinden sich in der Mitte und werfen die Schaumstoff-Frisbees in Richtung des balancierenden Kindes.

Variationen:

a) Beim Durchlaufen des Parcours wird die Richtung gewechselt.
b) Die Kinder bewegen sich rückwärts durch den Parcours.

Impulse und Handlungsprinzipien der Psychomotorik:

- Materialerfahrung
- Handlungsplanung
- Ganzheitlichkeit
- Körpererfahrung (Gleichgewicht)
- Sozialkompetenz (Regeleinhaltung, Rücksichtnahme)
- Selbstbestimmtes Handeln (Art des Werfens)
- Selbstwirksamkeit

Förderaspekte	▶ **Aufmerksamkeit** = Selektion (sich trotz Ablenkung auf das Balancieren konzentrieren; Störfaktoren ausblenden) ▶ **Inhibition** = Regulation von Emotionen und Verhalten; visuelle und taktil-kinästhetische Reize der heranfliegenden Frisbees aushalten und ausblenden; langsame Bewegungen umsetzen, Frisbees erst nach Signal werfen ▶ **Kognitive Flexibilität** = die in der Mitte stehenden Kinder müssen zeitlich abgestimmt die Frisbee in Richtung des sich bewegenden Kindes werfen ▶ **Achtsamkeit** = bewusste Bewegungssteuerung beim Ausbalancieren; Wahrnehmen der unterschiedlichen Hindernisse; Anpassen der eigenen Bewegungsgeschwindigkeit

5.1.2 Formen im Labyrinth

Altersgruppe: 5–8 Jahre
(Spiel-)Dauer: ca. 15 Minuten
Setting: Gruppe von 3–6 Kindern

Material:

- Seile in verschiedenen Farben und Längen
- Spiegelplatten (hoher Aufforderungscharakter!)
- Glücksrad mit Formen
- Spiegelstifte
- ggf. Materialien zur Gestaltung der Umgebung – z. B. Pappröhren und Frisbees als Bäume
- Tuch zum Reinigen der Spiegelplatten

Vorbereitung:

- Glücksrad Herstellung (s. Herstellungsbeschreibung): verschiedene Formen auf Papier aufmalen, laminieren, ausschneiden und mit Klett am Glücksrad befestigen

- Aufbau des Labyrinths: mit den Seilen einzelne Wege legen, die manchmal an Kreuzungen zusammenkommen; Abzweigungen, Kurven und Sackgassen nach Belieben einbauen → Wichtig! Mehrere Wege müssen zum Ziel führen
- ggf. in den Zwischenräumen der Wege Bäume oder Häuser bauen (lassen), um den direkten Blick auf die Wege zu verdecken
- Glücksrad am Anfang des Labyrinths aufstellen, Spiegelplatten, Stifte und ein Tuch zum Reinigen am Ende des Labyrinths platzieren

Durchführung:
Die Kinder drehen nacheinander am Glücksrad und prägen sich die entsprechende Form ein. Anschließend gehen sie durch das Labyrinth bis zu den Spiegelplatten. Dort wird die gedrehte Form aufgemalt und anschließend mit der Form auf dem Glücksrad verglichen. Der Rückweg erfolgt ebenfalls durch das Labyrinth.

Variationen:

a) Die Kinder gehen exakt den gleichen Weg zurück.

b) Die Kinder bewegen sich mit einer ausgewählten Bewegungsart (z. B. krabbeln, auf einem Bein hüpfen, rückwärts) oder als Tiere durch das Labyrinth.

c) Die Kinder bewegen sich auf einem Rollbrett durch das Labyrinth.

d) Die Kinder haben die Aufgabe bei jeder neuen Form einen anderen Weg durch das Labyrinth zu wählen.

Impulse und Handlungsprinzipien der Psychomotorik:

- Selbstwirksamkeit
- Beziehungsarbeit (Begleitung des Handelns)
- Handlungsorientierung
- Selbstbestimmtes Handeln (Wahl der Bewegungsform/des Tieres)
- Wechsel von Bewegung und Ruhe
- Körpererfahrung
- Kreativität
- Sozialkompetenz (andere Kinder in ihren Fähigkeiten respektieren, Regeln einhalten, sich abwechseln)

Förderaspekte	
	▶ **Visuell-räumlicher Notizblock** = Abspeichern der Form bis zum Malen am Ende des Labyrinths; Wege merken (Variation a) ▶ **Planung** = gezielt einen Weg auswählen, der zum Ziel führt ▶ **Räumliche Wahrnehmung** = einen Überblick über die möglichen Wege durch das Labyrinth erlangen; sich im Labyrinth orientieren ▶ **Inhibition** = Regeleinhaltung; sich auf den vorgegebenen Wegen bewegen ▶ **Kognitive Flexibilität** = andere Wege finden; bei gleicher Form auch denselben Weg/dieselbe Bewegung wählen ▶ **Achtsamkeit** = bewusste Bewegungssteuerung, sodass die Seile und damit die Wege des Labyrinths nicht zerstört werden; Rücksichtnahme bei Begegnungen im Labyrinth

5.1.3 Irrgarten

Altersgruppe: 5–8 Jahre
(Spiel-)Dauer: nach Belieben
Setting: Einzelsituation oder Kleinstgruppe von bis zu 3 Kindern

Material:

- Kreppband
- Zusatzmaterial je nach Spielidee/Variation

Vorbereitung:

- mithilfe des Kreppbandes ein Labyrinth auf den Boden kleben

Durchführung:

Das Kind/die Kinder bewegen sich durch das Labyrinth und entdecken unterschiedliche Wege, darunter Sachgassen, Abzweigungen, Geraden und Kreuzungen. Mit einem Gegenstand kann ein Ziel im Labyrinth markiert werden, welches die Kinder versuchen können zu erreichen. Spielideen und Herausforderungen von den Kindern werden aufgegriffen und umgesetzt.

Variationen:

- **a)** Es werden kleine Aufgaben im Labyrinth verteilt, die gelöst werden müssen (z. B. Lesekarten oder Rätsel).
- **b)** Das Labyrinth wird mit einem Rollbrett durchquert.
- **c)** Das Labyrinth wird z. B. mithilfe von Pylonen, Pfeilen oder Schildern zu einer Straße umgewandelt.
- **d)** Ein Ball wird mit dem Fuß durch die Wege des Labyrinths gerollt.
- **e)** Die Kinder pusten Watte durch die Wege des Labyrinths.
- **f)** Im Labyrinth werden Gegenstände (z. B. Kuscheltiere) verteilt, die das Kind entdecken kann.
- **g)** Einkauf: es werden verschiedene Materialien/Gegenstände verteilt; die Einkaufsliste wird nur verbalisiert; die Anzahl der einzukaufenden Materialien/Gegenstände sollte dabei dem Entwicklungsstand der Kinder angepasst werden.
- **h)** Es kann ein Weg vorgegangen und anschließend mit einem Seil nachgelegt werden.
- **i)** Den kürzesten/längsten Weg zum markierten Ziel finden (evtl. mit einem Seil den Weg legen, um die Länge messen zu können).
- **j)** Es müssen mehrere unterschiedliche Wege zu einem markierten Ziel gefunden werden.
- **k)** Der Weg wird mit Bausteinen versperrt, so dass andere Wege gefunden werden müssen (Baustelle).
- **l)** Wechsel-Labyrinth: Im Labyrinth werden verschiedene Gegenstände versteckt. Einige Wege werden mit bunten Bausteinen versperrt. Die Kinder dürfen nun abwechselnd jeweils einen Baustein umsetzen, um die Gegenstände zu erreichen und anschließend aus dem Labyrinth heraus zu transportieren.

Impulse und Handlungsprinzipien der Psychomotorik:

- Mitbestimmung/Entscheidungsfreiheit (Art und Schnelligkeit der Bewegung)
- Entwicklungsorientierung (viele verschiedene Möglichkeit, je nach Alter und Entwicklungsstand kleinere Aufgaben und Herausforderungen in das Labyrinth einzubauen)
- Handlungsplanung
- Ressourcenorientierung
- Wechsel von Bewegung und Ruhe
- Körpererfahrung
- Sozialkompetenz (sich mit anderen gemeinsam im Labyrinth bewegen)

Förderaspekte

- ▶ **Phonologische Schleife =** auditive (Mehrfach-)Aufgabenstellungen wahrnehmen und umsetzen können (Variation a & d)
- ▶ **Visuell-räumlicher Notizblock =** Merken des vorgegangenen Weges
- ▶ **Planung =** z. B. den kürzesten/längsten Weg zum Ziel/zum gesuchten Gegenstand finden
- ▶ **Räumliche Wahrnehmung =** sich im Labyrinth orientieren; einen Überblick über die Wege im Labyrinth erlangen
- ▶ **Inhibition =** sich an die durch das Kreppband gekennzeichneten Grenzen des Labyrinths halten; andere Wege nutzen, wenn diese gerade von anderen Kindern genutzt werden
- ▶ **Kognitive Flexibilität =** bei „Sperrungen“ neue Wege finden; Bausteine so setzen, so dass man sich nicht den eigenen Weg versperrt (Variation i)
- ▶ **Achtsamkeit =** vorsichtiges Bewegen im engen Labyrinth, ohne die geklebten Linien zu berühren

5.1.4 Fingergabelstapler

Altersgruppe: 5–9 Jahre
(Spiel-)Dauer: ca. 15 Minuten
Setting: Gruppe von 4–8 Kindern

Material:

- Quetschie-Deckel in verschiedenen Farben (Mindestanzahl der Farben anhand der passenden Ziffer auf den Tellern bereithalten, im Ziffernraum 10 mindestens 10 pro Farbe, im Ziffern-/Zahlenraum 20 entsprechend 20 pro Farbe)
- Zangen (ggf. in unterschiedlicher Stärke, Größe, Greifvolumen und Handhabung)
- Bunte Teller – z. B. Schaumstoff-Frisbees, Bildvorlagen
- Ziffern oder Mengenbilder
- Materialien für den Bewegungsparcours – z. B. Bänke, Stühle, Balanciersteine

Vorbereitung:

- Quetschie-Deckel in einer Kiste auf einem niedrigen Tisch oder dem Boden platzieren
- verschiedenartige Zangen daneben bereitlegen
- Bewegungsparcours aufbauen (lassen)
- Teller am Ende des Parcours nebeneinander platzieren und jeweils eine Ziffer darauflegen

Durchführung:

Die Kinder wählen eine Zange aus und nehmen sich damit einen Quetschie-Deckel aus der Kiste heraus. Dieser wird, eingeklemmt in der Zange, über den Parcours transportiert und auf dem gleichfarbigen Teller abgelegt. Dabei gibt die dort platzierte Ziffer die Anzahl an Quetschie-Deckeln vor, die auf dem jeweiligen Teller abgelegt werden dürfen. Das Ziel ist es, alle Teller entsprechend der Zifferangabe zu füllen. Der Rückweg kann seitlich neben dem Parcours erfolgen.

Variationen:

a) Die Auswahl der Zangen mit unterschiedlichen Eigenschaften kann variiert werden.
b) Anstelle von Ziffern werden auf den Tellern Bilder mit Mengen platziert.
c) Für kleinere Kinder werden statt der Teller vorbereitete Bildvorlagen (z. B. Schmetterling, Raupe usw.) verwendet.

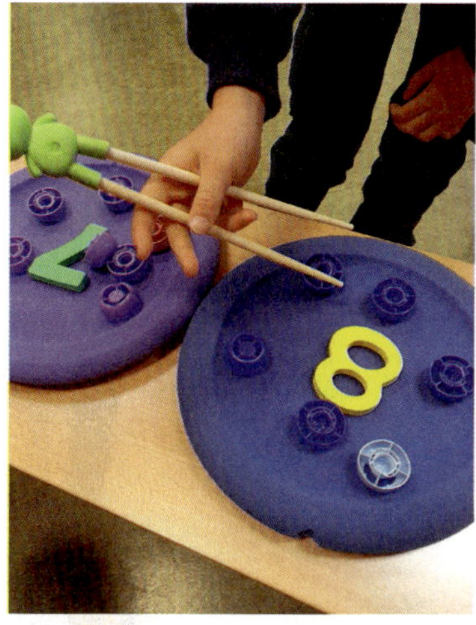

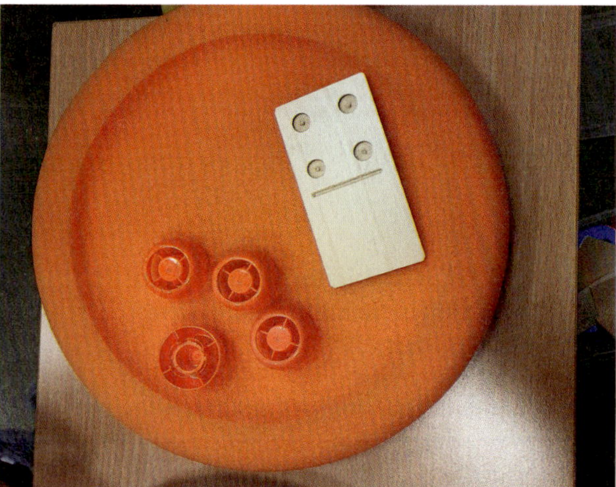

Impulse und Handlungsprinzipien der Psychomotorik:

- Handlungsplanung
- Entwicklungsorientierung (Ziffern, Mengenbilder, Bildvorlagen und Auswahl der Zangen je nach Entwicklungsstand der Kinder)
- Körpererfahrung (Parcours)
- Entscheidungsfreiheit (Wahl der Zange)
- Sozialkompetenz (Kommunikation und Rücksichtnahme)
- Wechsel von Bewegung und Ruhe
- Materialerfahrung

Förderaspekte	
	▶ **Aufmerksamkeit** = Fokussierung auf die noch fehlenden Quetschie-Deckel und die eigene fein- und großmotorische Umsetzung beim Transport; Fokussierung auf die Farbe des Tellers, wenn bunte Ziffern verwendet werden, die eine andere Farbe haben ▶ **Visuell-räumlicher Notizblock** = kurzzeitiges Merken der richtigen Anzahl und Farbe ▶ **Planung** = einzelne Handlungsschritte und Bewegungen in der richtigen Abfolge planen und umsetzen; Zangen mit entsprechender Funktion benutzen ▶ **Kognitive Flexibilität** = passende Farbauswahl, je nachdem wie viele Quetschie-Deckel noch auf den Tellern fehlen; ständige Anpassung der Überlegungen zur Farbauswahl, da mehrere Kinder zeitgleich Quetschie-Deckel transportieren und ablegen ▶ **Achtsamkeit** = bewusstes und kontrolliertes Bewegen beim Überqueren des Parcours, um den Quetschie-Deckel sicher zum Ziel zu transportieren

5.1.5 Finde die Hälfte!

Altersgruppe: 6–9 Jahre
(Spiel-)Dauer: ca. 45 Minuten
Setting: Gruppe von 3 - 6 Kindern

Material:

- Glücksrad
- Bildkarten mit Weihnachtskugeln/Tannenbäume – in der Mitte zerschnitten
- Seile oder Leine
- Wäscheklammern
- Klein- und Großgeräte für Klettermöglichkeiten (z. B. Leiter, Trapezblock, kleiner Kasten, Sprossenwand, Stuhl)
- Übersichtskarte mit allen Motiven zum Vergleichen

Vorbereitung:

- Glücksrad Herstellung (s. Herstellungsbeschreibung): Weihnachtskugeln/Tannenbäume auf Papier aufmalen oder ausdrucken, laminieren, in zwei Teile zerschneiden und die eine Hälfte mit Klett am Glücksrad befestigen
- Glücksrad an einer Raumseite gut sichtbar und erreichbar platzieren.
- Seile/Leine in gut unerreichbarer und unterschiedlicher Höhe durch den Raum spannen und die andere Hälfte der Bildkarten mit Wäscheklammern daran befestigen.

Durchführung:

Die Kinder drehen nacheinander am Glücksrad und merken sich das gedrehte Motiv. Im Anschluss suchen sie die passende Hälfte zu ihrer Bildkarte. Nun wählen die Kinder ein Gerät, mit dem sie nach oben zum Seil klettern können, und schieben es an die richtige Stelle. Ob sie das richtige Teil gefunden haben, können sie im Anschluss anhand der Übersichtskarte kontrollieren.

Variation:
Die Weihnachtsbaumkugeln/Tannenbäume werden im Vorfeld an das Spiel von den Kindern selbst gestaltet und gemalt.

Impulse und Handlungsprinzipien der Psychomotorik:

- Selbstwirksamkeit
- Ich-Kompetenz
- Kreativität
- Handlungsplanung
- Materialerfahrung
- Körpererfahrung
- Wechsel von Bewegung und Ruhe
- Visuelle Wahrnehmung (Formkonstanz, Gestaltschließen, Figur-Grund-Wahrnehmung)

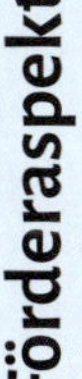

- ▶ **Visuell-räumlicher Notizblock** = Abspeichern des gedrehten Motivs und Finden der passenden Hälfte im Raum; Muster, Farben und Besonderheiten auf den Bildmotiven wahrnehmen, merken und anschließend vergleichen
- ▶ **Planung** = den schnellsten Weg zur passenden Motivhälfte wählen
- ▶ **Räumliche Wahrnehmung** = zurechtfinden im unübersichtlichen Raum; richtiges Gerät für die notwendige Höhe des Seils finden

5.1.6 Minigolf

Altersgruppe: 6–11 Jahre
(Spiel-)Dauer: nach Belieben, abhängig von der Anzahl der Stationen
Setting: Einzelsituation oder Kleingruppe bis zu vier Kindern

Material:

- Minigolf- oder Hockeyschläger
- Kinder-Golfbälle oder andere Bälle, die sich in Größe, Härte und Sprungfähigkeit unterscheiden (z. B. Tischtennisball oder Flummi)
- Materialien zum Bauen der Bahnen – z. B. Matten, Teppichstreifen, Reifen, Seile, Pylone
- evtl. Stift und Papier

Vorbereitung:

- Bälle und Schläger bereitlegen

Durchführung:

Die Kinder suchen sich die Materialien zusammen, die sie zum Bau der Minigolfbahnen benötigen. Dabei sollten unterschiedliche Hindernisse und Herausforderungen eingebaut werden. Als Hilfestellung können die Kinder sich einen Plan aufzeichnen, wie sie sich die Minigolfbahn vorstellen. Im Anschluss bauen sie diese allein oder in der Gruppe auf. Die Kinder werden in ihrer Planung verbal begleitet, ggf. kann Unterstützung beim Bauen angeboten oder Impulse zur Materialauswahl gegeben werden.

Wichtig: Nach jedem Bauabschnitt sollte die Bahn vom bauenden Kind auf Funktion überprüft werden. Anschließend probieren die Kinder alle Minigolfbahnen aus. Da jede Bahn andere Herausforderungen bietet, können die Kinder selbst entscheiden, welchen Ball sie für welche Bahn dafür benutzen möchten.

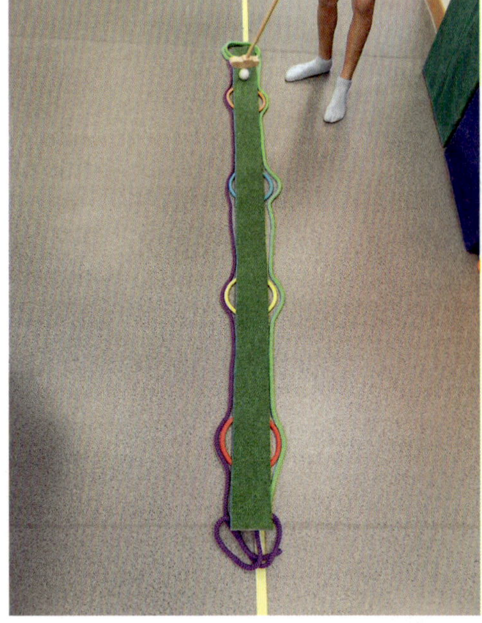

Variationen:

a) Die Bahnen können in unterschiedlichen Schwierigkeitsgraden gebaut werden.
b) Es werden wechselnde Bälle an einer Bahn benutzt.
c) Die Kinder probieren die Bahnen in einer bestimmten Reihenfolge aus.

Impulse und Handlungsprinzipien der Psychomotorik:

- Selbstwirksamkeit
- Ich-Kompetenz
- Beziehungsarbeit (Begleitung des Handelns)
- Ressourcenorientierung
- Handlungsplanung
- Selbstbestimmtes Handeln (Bau der Minigolfbahn)
- Körpererfahrung (Kraftdosierung, Auge-Hand-Koordination, Bewegungssteuerung)
- Kreativität
- Sozialkompetenz (mit anderen Kindern gemeinsam planen und bauen; andere Kinder in ihren Fähigkeiten respektieren und sich gegenseitig helfen)

Förderaspekte

- **Planung** = Minigolfbahn funktionsfähig planen und bauen
- **Räumliche Wahrnehmung** = Gestaltung der Minigolfbahnen mit Ausgangspunkt und Ziel, evtl. mit Kurven, Hügel und Tunnel; Einschätzen von Entfernungen
- **Kognitive Flexibilität** = logische Abfolgen voraussehen
- **Achtsamkeit** = bewusste Kraftdosierung je nach Eigenschaft des Balles und Entfernung des Ziels

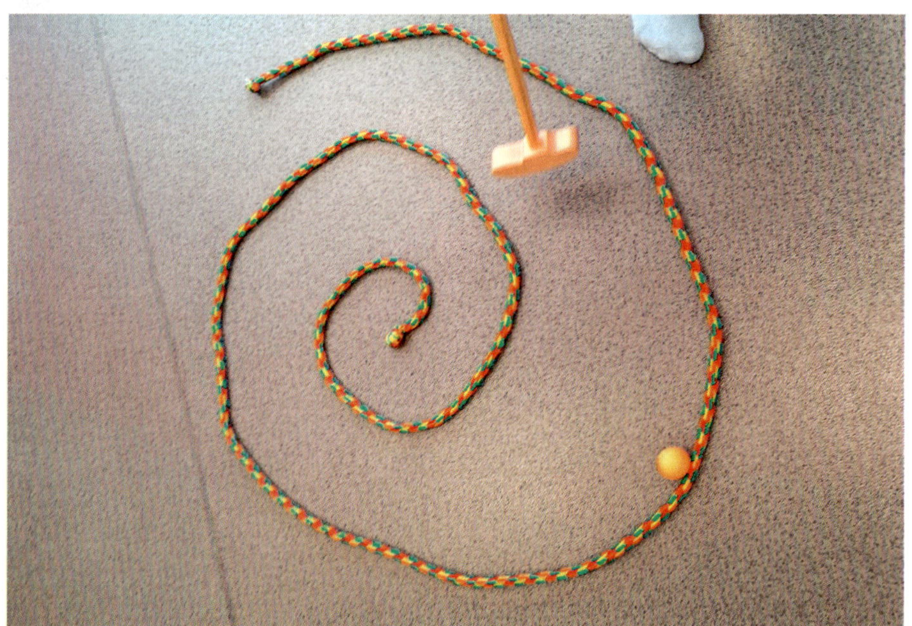

5.2 Praxisanregungen mit Alltags- und Alternativmaterial

5.2.1 Gut getarnt!

Altersgruppe: 4–6 Jahre
(Spiel-)Dauer: ca. 10 Minuten
Setting: Gruppe von 4–10 Kindern

Material:

- Wäscheklammern in verschiedenen Farben

Vorbereitung:

- eine Kiste mit bunten Wäscheklammern bereitstellen
- einen Sitzkreis bilden

Durchführung:
Ein Kind wird als „Sucher" ausgewählt und verlässt für einen Moment den Raum. Bei den anderen Kindern werden Wäscheklammern an der Kleidung angebracht (insgesamt je nach Gruppengröße ca. vier Stück). Diese sollten in passenden Farben zur Kleidung der Kinder ausgewählt werden, sodass sie farblich getarnt sind. Das Kind darf auf ein Signal hin wieder hereinkommen und macht sich nun auf die Suche nach den versteckten Wäscheklammern. Die Anzahl, wie viele Wäscheklammern versteckt wurden, kann hierbei zur Hilfe genannt werden. Beim Suchen darf das Kind die anderen Kinder auffordern aufzustehen, sich zu drehen oder einzelne Körperteile anzuheben, sollte sie jedoch nicht berühren. Wenn es die Wäscheklammer gesehen hat, darf sie vorsichtig abgemacht werden. Nachdem alle Wäscheklammern gefunden wurden, wird ein anderes Kind zum „Sucher" gewählt.

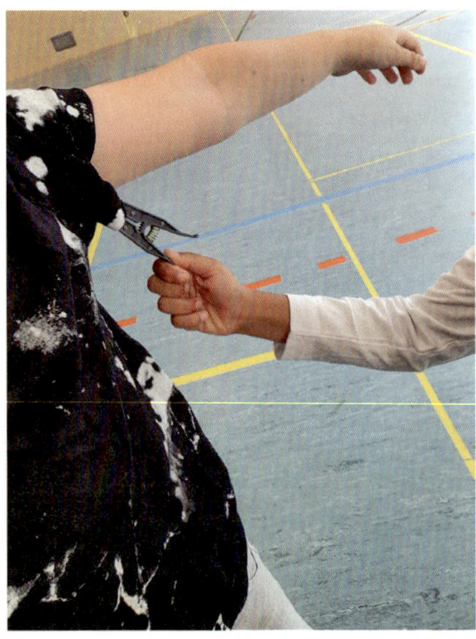

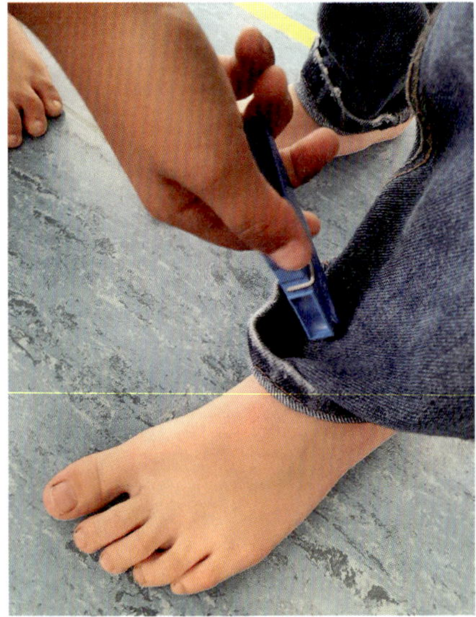

Impulse und Handlungsprinzipien der Psychomotorik:

- Materialerfahrung
- Entwicklungsorientierung (Anzahl und Verstecke je nach Entwicklungsstand der Kinder auswählen)
- Handlungsplanung
- Sozialkompetenz (Rücksichtnahme und Kommunikation)
- Körpererfahrung
- Mitbestimmung (gemeinsam überlegen, wo die Wäscheklammer befestigt wird)
- Visuelle und taktil-kinästhetische Wahrnehmungsfähigkeit

Förderaspekte

- **Aufmerksamkeit** = hohe Konzentration und Aufmerksamkeit beim Finden der Klammer; vorsichtiges Lösen der Wäscheklammern bei den anderen Kindern
- **Inhibition** = Verhalten und Emotionen kontrollieren, um die Verstecke bei sich selbst oder bei anderen Kindern nicht zu verraten
- **Kognitive Flexibilität** = Unterscheidung der Wäscheklammern vom gleichfarbigen Untergrund der Kleidung

5.2.2 Copy-Shop

Altersgruppe: 5–8 Jahre
(Spiel-)Dauer: ca. 15 Minuten
Setting: Einzelsituation oder Kleingruppe von max. 5 Kindern

Material:

- Korken
- Bierdeckel
- Garnrollen aus Plastik
- Joghurtbecher
- Große Bügelperlen
- Plastik-Becher
- Vorlagen-Karten

Vorbereitung:

- Vorlagen-Karten (siehe Download) bereitlegen
- Alltagsmaterialien in einzelnen Kisten gut erreichbar zur Auswahl bereitstellen
- eine freie Fläche zum Bauen schaffen

Durchführung:

Das Kind/die Kinder dürfen sich vorab ein Material aussuchen, mit dem sie bauen wollen. Anschließend ziehen sie verdeckt eine passende Vorlagen-Karte für das ausgewählte Material und bauen diese nach.

Variationen:

a) Mithilfe einer Stoppuhr/Sanduhr wird eine zeitliche Begrenzung gegeben.
b) Das Kind zieht im ersten Schritt eine verdeckte Vorlagen-Karte und sucht sich dann das passende Material heraus.
c) Die Vorlagen-Karte wird nach dem Ansehen verdeckt, sodass das Kind diese aus dem Gedächtnis nachbauen muss.
d) Es werden zusätzliche Störfaktoren eingebaut, die von den nicht aktiv bauenden Kindern ausgeführt werden. Diese können vorgegeben sein oder im Vorfeld mit den Kindern gemeinsam entwickelt werden (z. B. auditive Störreize durch Hereinrufen, Singen oder Pfeifen).

Impulse und Handlungsprinzipien der Psychomotorik:

- Materialerfahrung
- Entwicklungsorientierung (Schwierigkeitsgrad der Vorlagen anpassbar an den Entwicklungsstand des Kindes)
- Handlungsorientierung
- Körpererfahrung
- Entscheidungsfreiheit
- Handlungsplanung
- Selbstwirksamkeit
- Wechsel von Bewegung und Ruhe (Variante d)

Förderaspekte	
	▶ **Aufmerksamkeit** = Selektion (Störfaktoren ausblenden und auf das Bauen fokussieren) (Variante d) ▶ **Visuell-räumlicher Notizblock** = die Vorlage kurzfristig abspeichern und aus dem Gedächtnis nachbauen (Variante c) ▶ **Planung** = Bereitstellen des passenden Materials in der benötigten Anzahl; strukturiertes Bauen, um ein stabiles Bauwerk zu errichten ▶ **Räumliche Wahrnehmung** = großräumige Umsetzung der dargestellten Vorlage ▶ **Inhibition** = in der Funktion als „Störer“ keine Bauwerke beschädigen (Variante d) ▶ **Kognitive Flexibilität** = sich immer wieder auf ein anderes Baumaterial einstellen ▶ **Zeitmanagement** = sich an eine Zeitvorgabe halten und die Aufgabe innerhalb dieser Zeit lösen (Variante a)

5.2.3 Wühlmaus

Altersgruppe: 5–8 Jahre
(Spiel-)Dauer: ca. 10 Minuten
Setting: Einzelsituation

Material:
- eine DIN-A4 große Kiste
- Leinstroh
- ein DIN-A4-Blatt mit einzelnen jeweils 2x vorhandenen Bildmotiven (Beispiel „Sommer“ siehe Download)
- zusätzliches Kontrollblatt, auf dem alle Bildmotive abgebildet sind
- ein Stift

Vorbereitung:
- vorbereitetes DIN-A4-Blatt mit den Motiven in die Kiste legen
- Leinstroh in die Kiste einfüllen und gleichmäßig verteilen, sodass alle Bildmotive verdeckt sind (die angepasste Menge an Leinstroh vorher ausprobieren)

Durchführung:
Das Kind hält beide Hände in der Kiste und sucht mithilfe der Fingerspitzen im Leinstroh nach Bildmotiven. So versucht das Kind Paare zu finden und diese gleichzeitig aufzudecken.

Variation:
Neben die Kiste wird ein Blatt gelegt, auf dem zu sehen ist, welche Bildmotive es gibt. Diese können dann nach erfolgreichem Finden eines Bildpaares abgestrichen werden.

Impulse und Handlungsprinzipien der Psychomotorik:

- Ganzheitlichkeit
- Materialerfahrung
- Taktile, olfaktorische und visuelle Wahrnehmung
- Entscheidungsfreiheit (Reihenfolge der gesuchten Motive)
- Isolierte Fingerbewegungen

Förderaspekte	▶ **Aufmerksamkeit** = ausdauernde Aufmerksamkeit und Konzentration beim Suchen der Bildpaare ▶ **Visuell-räumlicher Notizblock** = gefundene Bildmotive merken und an der richtigen Stelle wiederfinden ▶ **Planung** = Überlegen einer Strategie, um schnellstmöglich alle Bildpaare zu finden; strukturiertes Vorgehen beim Suchen ▶ **Inhibition** = Begrenzungen der Kiste einhalten und beim Suchen kein Leinstroh aus der Kiste zu schieben; Ausblenden möglicher Störempfindungen durch das (pieksige und geruchsintensive) Material ▶ **Achtsamkeit** = vorsichtiges Bewegen des Leinstrohs notwendig, um kein Bildmotiv zu übersehen

5.2.4 Der Rhythmus macht's!

Altersgruppe: 5–9 Jahre
(Spiel-)Dauer: ca. 10 Minuten
Setting: Einzelsituation oder Kleinstgruppe mit 2 Kindern

Material:

- 4 Pappteller (o. ä. flache Unterlagen)
- verschiedenartige Kleinmaterialien oder kleine Alltagsmaterialien (z. B. Säckchen, Ball, Korken, Bierdeckel)

Vorbereitung:

- Pappteller in einer Reihe auf einem Tisch oder auf dem Boden nebeneinander platzieren
- verschiedene Gegenstände griffbereit danebenlegen

Durchführung:
Die Kinder sitzen sich gegenüber, sodass die Teller gut sichtbar und erreichbar in der Mitte stehen. Gemeinsam überlegen die Kinder sich für jeden Gegenstand eine Bewegung, die einen Ton erzeugt (z. B. klatschen, stampfen, schnipsen). Ein Kind darf die Teller anschließend mit Gegenständen bestücken. Auf jedem Teller sollte ein Gegenstand liegen. Daraufhin macht das andere

Kind nacheinander die festgelegten Bewegungen zu den Gegenständen, sodass ein 4er-Rhythmus entsteht. Diesen Rhythmus wiederholt das Kind so lange, bis das andere Kind einen Gegenstand austauscht. Das Kind muss seine Bewegungen dann entsprechend des neuen Gegenstandes anpassen.

Variationen:

a) Zum Erzeugen der Geräusche werden Musikinstrumente hinzugenommen, die ebenfalls einem Gegenstand zugeordnet werden.

b) Zur Erhöhung der Schwierigkeit dürfen auch zwei Gegenstände auf einem Teller platziert werden, sodass sich der Rhythmus verändert.

c) Ein Teller wird freigelassen. An dieser Stelle darf das Kind dann kein Geräusch erzeugen.

Impulse und Handlungsweisen der Psychomotorik:

- Materialerfahrung
- Körpererfahrung
- Selbstwirksamkeit
- Entscheidungsfreiheit (Auswahl der Gegenstände, Festlegung der Bewegungen)
- Sozialkompetenz (Rücksichtnahme)
- Kreativität

Förderaspekte

- **Aufmerksamkeit** = fokussieren auf die Gegenstände auf den Tellern und die Ausführung der passenden Bewegungen
- **Phonologische Schleife** = merken der bestimmten Bewegungen für jeden Gegenstand
- **Inhibition** = bei einem leeren Teller keine Bewegung und bei jedem Gegenstand nur eine Bewegung ausführen
- **Kognitive Flexibilität** = flexibel auf Veränderungen der Gegenstände reagieren und die Bewegungen entsprechend anpassen

5.2.5 Filigrane Häuser

Altersgruppe: 5–10 Jahre
(Spiel-)Dauer: nach Belieben
Setting: Einzelsituation oder Kleingruppe mit bis zu 4 Kindern

Material:

- Zollstöcke (ggf. in verschiedenen Längen)

Vorbereitung:

- Zollstöcke ausklappen und so aufstellen, dass sie selbstständig stehen bleiben und sich an mehreren Stellen kreuzen (ältere Kinder mit am Bau beteiligen)

Durchführung:
Das Kind/die Kinder bewegen sich durch die Zollstöcke und versuchen diese dabei nicht zu berühren oder gar zum Fallen zu bringen.

Variationen:

a) Verschiedene Häuser nehmen unterschiedliche Größen und Formen an. Die Kinder explorieren mit dem eigenen Körper, in welches Haus sie hineinpassen und wie sie sich durchbewegen können (kriechend, krabbelnd…).
b) Beim Durchqueren muss das Kind zusätzlich etwas transportieren (z. B. einen Ball).

Impulse und Handlungsprinzipien der Psychomotorik:

- Körpererfahrung, Körperschema
- Handlungsorientierung
- Entscheidungsfreiheit (beim Bauen)
- Kreativität
- Materialerfahrung
- Sozialkompetenz (Rücksichtnahme, gegenseitiges Unterstützen & Helfen)
- Selbstbestimmtes Handeln (Bewegungsart)

Förderaspekte

- **Planung** = den Bau der Häuser zielgerichtet planen und ausführen
- **Räumliche Wahrnehmung** = sich im Raum und beim Durchqueren der Zollstöcke zurechtfinden, Abstände wahrnehmen und einschätzen
- **Inhibition** = Impulskontrolle; sich in seinen Bewegungen regulieren; abwarten, bis man an der Reihe ist; Erweiterung der Frustrationstoleranz beim Bau der Häuser
- **Achtsamkeit** = langsame und kontrollierte Bewegungsausführung, um die Zollstöcke nicht zu berühren

5.2.6 Stadtplaner

Altersgruppe: 5–10 Jahre
(Spiel-)Dauer: nach Belieben, über mehrere Einheiten
Setting: Einzelsituation oder Kleingruppe mit bis zu 3 Kindern

Material:
- ausreichend großes Papier (Flip Chart, Tapete o. ä.)
- leere kleine Pappkartons und Küchenrollen
- bunte Klebefolie
- Klebestift, Kreppband (Variation)
- Stifte, evtl. Wachsmaler
- kleine Autos

Vorbereitung:
- eine große freie Fläche auf dem Boden für Papier und Stifte schaffen
- Materialien für den Stadtbau (gemeinsam mit den Kindern) zusammensuchen und bereitlegen

Durchführung:
Die Kinder überlegen gemeinsam, wie ihre Stadt aussehen soll und beginnen einzelne Straßen aufzumalen. Durch Kreuzungen und Abbiegungen werden einige Straßen miteinander verbunden, andere können in Sackgassen oder Parkplätzen enden.

Ist die Erstellung der Straßenkarte abgeschlossen, werden Gebäude gebastelt und auf die Stadtkarte gestellt/geklebt. Manchmal ergibt sich schon während der Straßenplanung die Positionierung einzelner Geschäfte oder besonderer Gebäude (Rathaus, Bahnhof etc.). Die Kinder gestalten, beschriften und erweitern ihre Stadt.

Weitere Ideen von Kindern aufgreifen, wie z. B. Park/Grünflächen, Parkplätze, Spielplatz, Schienen, Krankhaus mit Hubschrauberlandeplatz, Autobahn, Tunnel, Fabrik.

Variation:

Für kleinere Kinder: Die Straßen werden mit Kreppband auf den Boden geklebt. Dafür reißt das Kind kleinere Streifen vom Kreppband ab und gestaltet so (mit Unterstützung) eine eigene Stadt. Notwendige Häuser können ebenfalls aus Kreppband aufgeklebt werden.

Impulse und Handlungsprinzipien der Psychomotorik:

- Kreativität
- Selbstbestimmtes Handeln
- Handlungsplanung
- Selbstwirksamkeit
- Ich-Kompetenz
- Materialerfahrung
- Fein- und Grafomotorik, Hand-Hand-Koordination, Fingerdifferenzierung (Variation)
- Sozialkompetenz (gemeinsame Planung, Kompromisse finden)
- Entwicklungsorientierung
- Ressourcenorientierung

Förderaspekte

- **Aufmerksamkeit** = ausdauerndes Gestalten der geplanten Stadt
- **Planung** = gezielte Planung einer gesamten Stadt mit Straßen, Häusern, Geschäften etc.
- **Räumliche Wahrnehmung** = Proportionen einzelner Gebäude und Gegebenheiten in der Umsetzung beachten
- **Inhibition** = Kooperation, andere Kinder in ihren Ideen annehmen und ggf. auf Platz in der Stadt verzichten
- **Kognitive Flexibilität** = Ideen aller Kinder berücksichtigen und zu einem Ganzen entstehen lassen

5.2.7 Im Getränkevertrieb

Altersgruppe: 5–11 Jahre
(Spiel-)Dauer: ca. 20 Minuten
Setting: Gruppe von 3–6 Kindern

Material:
- viele identische kleine Flaschen mit flachem Deckel (z. B. von Smoothies oder Babynahrung)

Vorbereitung:
- Flaschen in einer Kiste sammeln und bereitstellen
- eine freie Fläche zum Bauen schaffen

Durchführung:
Die Kinder nehmen die Flaschen und dürfen damit nach Belieben etwas bauen.

Variationen:

a) Es wird vorgegeben, was die Kinder mit den Flaschen bauen sollen (z. B. eine Pyramide) und ggf. auch, wie viele Flaschen dafür verwendet werden dürfen.

b) Mithilfe einer Sanduhr/Stoppuhr wird eine Zeitvorgabe hinzugenommen, in der das Bauwerk fertiggestellt werden soll.

c) Ein Kind aus der Gruppe setzt sich in die Mitte und die anderen bauen es mit Flaschen ringsherum ein. Auch das Kind in der Mitte kann von innen beim Bauen helfen.

Impulse und Handlungsprinzipien der Psychomotorik:
- Kreativität
- Selbstbestimmtes Handeln
- Selbstwirksamkeit
- Entwicklungsorientierung
- Sozialkompetenz (gemeinsam etwas erschaffen, sich Absprechen, Rücksicht aufeinander nehmen)

- Körpererfahrung
- Materialerfahrung

Förderaspekte	▶ **Aufmerksamkeit** = ausdauerndes und fokussiertes Bauen ▶ **Räumliche Wahrnehmung** = die Flaschen müssen exakt aufeinandergestellt werden, damit das Bauwerk stabil bleibt; Raum-Lage-Wahrnehmung ▶ **Inhibition** = Verhalten und Emotionen kontrollieren; kein Bauwerk umstoßen; aufeinander Rücksicht nehmen; in der Mitte sitzend die eigenen Bewegungen so kontrollieren, dass die Flaschen nicht berührt werden (Variation c) ▶ **Zeitmanagement** = eine Zeitvorgabe einhalten und innerhalb derer eine Aufgabe fertigstellen (Variante b) ▶ **Achtsamkeit** = kontrollierte und vorsichtige Bewegungssteuerung, um die Flaschen stapeln zu können und sie nicht mit dem eigenen Körper umzustoßen

5.2.8 Fokussierte Architekten

Altersgruppe: 6–9 Jahre
(Spiel-)Dauer: ca. 20 Minuten
Setting: Gruppe von 3–6 Kindern

Material:
- Schwämme in verschiedenen Farben
- Einsteckwürfel mit Ziffern/Zahlen
- Tücher, Fahnen oder andere nutzbare Materialien als visueller Störfaktor
- Rasseln, Heulrohre oder andere nutzbare Materialien als auditiver Störfaktor

Vorbereitung:
- Kiste mit verschiedenfarbigen Schwämmen füllen
- Einsteckwürfel mit Ziffern/Zahlen bestücken (z. B. 9, 11, 13, 22, 27, 31)
- Störmaterialien zur Auswahl bereitstellen (z. B. Fahnen, Tücher, Rasseln, Heulrohre)

Durchführung:

Ein Kind beginnt, würfelt und holt anschließend die entsprechende Anzahl an Schwämmen aus der Kiste. Bevor es mit dem Bauen beginnt, kann es einen Störfaktor wählen, der anschließend von den anderen Kindern begleitend ausgeführt wird:

1. Geräusche mit dem eigenen Körper erzeugen = z. B. Stampfen oder Klatschen
2. Visuelle Reize = Fahnen oder Chiffon-Tücher um das bauende Kind herumbewegen
3. Auditive Reize = Geräusche mit Heulrohren oder Rasseln in der Nähe des Kindes erzeugen

Während das bauende Kind eine eigene Idee mit den Schwämmen gestaltet, versuchen die anderen Kinder es mit dem ausgewählten Reiz abzulenken.

Variationen:

Zusätzlich kann ein Farbwürfel hinzugenommen werden, sodass nicht nur die Anzahl der Schwämme vorgegeben ist, sondern auch die Farbe.

Impulse und Handlungsprinzipien der Psychomotorik:

- Materialerfahrung
- Selbstwirksamkeit
- Selbstbestimmtes Handeln beim Bauen
- Mitbestimmung/Entscheidungsfreiheit
- Wechsel von Bewegung und Ruhe
- Körpererfahrung (Koordination)
- Kreativität
- Selektive Aufmerksamkeit
- akustische, visuelle und taktil-kinästhetische Wahrnehmungsfähigkeit
- Sozialkompetenz (andere Kinder in ihren Fähigkeiten respektieren, Nähe und Distanz einhalten)

Förderaspekte

- **Aufmerksamkeit** = Selektion (Störfaktoren ausblenden und beim Bauen fokussiert bleiben)
- **Planung** = ein stabiles Bauwerk aus den Schwämmen errichten;
- **Räumliche Wahrnehmung** = Raum-Lage-Wahrnehmung
- **Inhibition** = Regulation von Emotionen und Verhalten; Regeln einhalten (z. B. das bauende Kind mit den Tüchern nicht berühren)
- **Kognitive Flexibilität** = beim Heraussuchen der Schwämme sowohl die Anzahl als auch die Farbe beachten
- **Zeitmanagement** = sich als „Störer" an eine zeitliche Begrenzung halten

5.2.9 Bunte Geometrie

Altersgruppe: 6–10 Jahre
(Spiel-)Dauer: ca. 10 Minuten
Setting: Einzelsituation oder Kleingruppe bis max. 6 Kinder

Material:
- Quetschie-Deckel in verschiedenen Farben
- Formenwürfel oder Einsteckwürfel mit bunte Formenbilder bestücken
- Bildkarten der Formen auf dem Würfel

Vorbereitung:
- Quetschie-Deckel in einer Kiste in die Mitte eines Kreises stellen
- Formenwürfel daneben bereitlegen

Durchführung:
Das Kind/die Kinder würfeln mit dem Formenwürfel und merken sich die gewürfelte Form und Farbe. Anschließend suchen sie sich aus der Kiste die farblich passenden Quetschie-Deckel heraus und legen damit die gewürfelte Form nach.

Variationen:
Es werden zusätzliche Bildkarten bereitgelegt, auf denen die Formen des Formenwürfels zu sehen sind, sodass diese beim Nachlegen zur Orientierungshilfe genutzt werden können.

Impulse und Handlungsprinzipien der Psychomotorik:

- Selbstwirksamkeit
- Materialerfahrung
- Handlungsplanung
- Beziehungsarbeit
- Sozialkompetenz (gemeinsam eine Form nachlegen, Kommunikation)

Förderaspekte

- **Aufmerksamkeit** = ausdauerndes Fokussieren auf das Bauen trotz aktiven Tuns
- **Visuell-räumlicher Notizblock** = Abspeichern der gewürfelten Form und Reproduzierung dessen beim Nachlegen mit den Quetschie-Deckeln
- **Räumliche Wahrnehmung** = Formen nachlegen und dabei Abstände und Größe der Vorlage einhalten
- **Inhibition** = sich trotz ablenkender Geräusche der anderen Kinder auf das Bauen konzentrieren
- **Kognitive Flexibilität** = Heraussuchen der passenden Anzahl an Quetschie-Deckeln zur Erstellung der gewürfelten Form

5.2.10 Konstrukteure

Altersgruppe: 9–11 Jahre
(Spiel-)Dauer: nach Belieben
Setting: Einzelsituation oder Kleingruppe von bis zu drei Kinder

Material:

- ein stabiler Kartondeckel (z. B. von einem großen Schuhkarton)
- Pappe und anderes dickes Papier in unterschiedlichen Farben
- verschiedene Bastel- oder Alltagsmaterialien nach Belieben (z. B. leere Toilettenpapierrollen, Kronkorken, Modelliermasse)
- Schere, Klebe und Tesafilm
- Murmeln

Vorbereitung:

- alle Bastelmaterialien, Werkzeuge und die Murmeln bereitlegen

Durchführung:
Das Kind nimmt sich den Kartondeckel zur Hand und beginnt mit der Planung. Nach und nach gestaltet es aus Pappe o. ä. Wege für die Murmel, sodass ein Labyrinth entsteht. Dabei sollte es auch einen Start- und einen Zielpunkt geben, wo die Murmeln eingerollt werden bzw. sie am Ende hineinrollen können. Nach Belieben können Hindernisse für die Murmel eingebaut werden, wie beispielsweise eine Brücke oder ein Tunnel. Nach Fertigstellung des Aufbaus nimmt das Kind den Kartondeckel in beide Hände und versucht die Murmel(n) durch sanfte Körper-

bewegungen durch das Labyrinth zum Ziel zu manövrieren. Das Kind bekommt nach dem Ausprobieren immer wieder die Möglichkeit die Murmelbahn anzupassen und zu verändern.

Variation:

Auf die fertig gestellte Murmelbahn wir ein passender/gleichgroßer Deckel gelegt. Das Labyrinth wird im „Blindflug" ausgeführt.

Impulse und Handlungsprinzipien der Psychomotorik:

- Kreativität
- Selbstwirksamkeit
- Materialerfahrung
- Körpererfahrung (Bewegungssteuerung)
- Feinmotorischer Kompetenzerwerb
- Hand-Hand-/Auge-Hand-Koordination
- Selbstbestimmtes Handeln
- Entwicklungsorientierung (Komplexität je nach Entwicklungsstand des Kindes anpassbar)
- Handlungsplanung

Förderaspekte	
	▶ **Planung** = gezieltes Planen der Wege im Labyrinth, der Hindernisse und der Gestaltung des Start- und Zielpunktes; strukturierte Umsetzung der Planung ▶ **Räumliche Wahrnehmung** = Wahrnehmen und Einschätzen des zur Verfügung stehenden Raumes (Deckel des Kartons); gleichmäßiges Ausfüllen des Raumes; Abstände passend gestalten ▶ **Inhibition** = Impulskontrolle, keine hektischen Bewegungen ausführen ▶ **Kognitive Flexibilität** = Wege und Abstände an die Größe der Murmel anpassen; ggf. Anpassungen nach dem ersten Testdurchlauf vornehmen (was muss verändert werden, damit die Murmel den Weg schafft) ▶ **Achtsamkeit** = kontrollierte, langsame und bewusste Bewegungssteuerung, um die Murmel(n) ans Ziel zu bringen

5.3 Bekannte Regelspiele ganz „groß“

5.3.1 Schwammbahnen [2]

Altersgruppe: 4–7 Jahre
(Spiel-)Dauer: ca. 15 Minuten
Setting: Kleingruppe von 3–6 Kindern

Material:

- Schwämme in verschiedenen Farben
- Kreppband
- Farbwürfel

Vorbereitung:

- mit dem Kreppband eine Start- und eine Ziellinie aufkleben
- Schwämme einer Farbe so auf zwei Seiten hintereinanderlegen, dass daraus eine Bahn entsteht = Anzahl der benötigten Bahnen richtet sich nach Anzahl der teilnehmenden Kinder
- mit dem Kreppband auf den einzelnen Bahnen Markierungen vornehmen

Durchführung:
Jedes Kind entscheidet sich für eine Schwammfarbe und stellt sich hinter die Startlinie der gleichfarbigen Bahn aus Schwämmen. Die Spielleitung (oder ein nicht teilnehmendes Kind) würfelt mit dem Farbwürfel. Das Kind, welches sich auf der farbigen Bahn befindet, die der Würfel anzeigt, darf sich bis zur nächsten Kreppband-Markierung innerhalb der eigenen Bahn fortbewegen. Dabei sollen die Schwämme, die als Bahnbegrenzungen dienen, nicht verrutschen. Das Spiel ist beendet, wenn ein Kind die Ziellinie überquert.

Variationen:

- **a)** Die Fortbewegungsart wird festgelegt (z. B. über den Boden kriechen).
- **b)** Die Anzahl der Markierungen kann entsprechend der Ausdauer der Kinder variiert werden.
- **c)** Anstelle eines Farbwürfels zieht die Spielleitung aus einem Sack (gefüllt mit Schwämmen aller Farben) immer wieder einen Schwamm heraus, dessen Farbe dann vorziehen darf.

Impulse und Handlungsweisen der Psychomotorik:

- Entwicklungsorientierung
- Materialerfahrung
- Körpererfahrung (Körperschema, unterschiedliche Bewegungsarten)
- Frustrationstoleranz

[2] *Spielidee angelehnt an das Spiel „Tempo, kleine Schnecke!“, Ravensburger, EAN: 4005556214204*

Förderaspekte

- **Aufmerksamkeit** = aufmerksam das Spielgeschehen verfolgen, auch wenn man teilweise länger warten muss, bis man an der Reihe ist
- **Inhibition** = Grenzen der Bahn einhalten; Regeleinhaltung; erst bewegen, wenn die eigene Schwamm-Farbe gewürfelt/gezogen wurde
- **Achtsamkeit** = bewusste Bewegungssteuerung; vorsichtiges Bewegen, damit die Schwämme (= die Bahnbegrenzungen) nicht verrutschen

5.3.2 Von Baum zu Baum[3]

Altersgruppe: 4–8 Jahre
(Spiel-)Dauer: ca. 20 Minuten
Setting: Kleingruppe mit bis zu 4 Kindern

Material:

- Gebastelte Tannenbäume aus Musterpappe, an denen auf der unteren Fläche Bildmotive (z. B. von Waldtieren) mit Klett befestigt werden

Vorbereitung:

- Tannenbäume basteln und Bildkarten laminieren
- eine große freie Fläche im Raum schaffen
- Tannenbäume mischen und im Raum verteilt aufstellen, sodass die Bildmotive nicht mehr sichtbar sind

Durchführung:

Nacheinander dürfen die Kinder jeweils zwei Tannenbäume aufdecken und das Bildmotiv offen zeigen. Hat ein Kind zwei identische Bildmotive gefunden, darf es sein Pärchen an einem ausgewählten Platz zur Seite stellen und ist noch einmal an der Reihe.

[3] *Spielidee angelehnt an die „memory®" Spiele, Ravensburger: z. B. „memory® Natur", EAN: 4005556208814*

Variation:

Die Bildmotive werden bewusst so unter den gebastelten Tannenbäumen platziert, dass die äußeren Muster der Pappe eines Baumkronen-Pärchens (= 2 gleiche Bildmotive) unterschiedlich sind.

Impulse und Handlungsweisen der Psychomotorik:

- Materialerfahrung
- Sozialkompetenz
- Beziehungsarbeit (Begleitung des Handelns)
- Frustrationstoleranz

Förderaspekte	
	▶ **Aufmerksamkeit** = aufmerksames Verfolgen des Spielgeschehens; Zugreihenfolge beachten; fokussieren auf den eigenen Spielzug ▶ **Visuell-räumlicher Notizblock** = aufgedeckte Bildmotive betrachten, sich den Platz (ggf. auch über einen längeren Zeitraum) merken und wiederfinden ▶ **Inhibition** = Zurückhalten verbaler Äußerungen über den Ort des gesuchten Bildmotivs; Regulieren von Emotionen; Regeleinhaltung ▶ **Kognitive Flexibilität** = sich nicht von den Mustern auf der Pappe beeinflussen lassen, sondern ausschließlich auf die Bildmotive unter den Tannenbäumen achten (Variation)

5.3.3 Fahrzeug-Bingo[4]

Altersgruppe: 4–8 Jahre
(Spiel-)Dauer: ca. 20 Minuten
Setting: Kleingruppe mit bis zu 4 Kindern

Material:
- Drehscheibe mit 6 abgebildeten Farben
- Drehscheibe mit 6 abgebildeten Fahrzeugen in schwarz-weiß
- je nach Anzahl der Mitspieler beliebig viele Bingo-Platten auf denen die Fahrzeuge in den Farben der Drehscheibe angemalt und jeweils unterschiedlich angeordnet sind (Größe der Platten flexibel wählbar)
- Muggelsteine in beliebiger Farbe

Vorbereitung:
- Sitzkreis auf dem Boden bilden
- eine Bingo-Platte an jedes Kind verteilen
- Muggelsteine gut erreichbar für alle Kinder bereitlegen
- beide Drehscheiben in der Mitte platzieren

Durchführung:
Jedes Kind legt seine Bingo-Platte vor sich hin, sodass es diese gut im Blick hat. Ein Kind beginnt und darf nacheinander beide Drehscheiben einmal drehen. Anschließend benennt es die gedrehte Farbe und das gedrehte Fahrzeug (z. B. blaues Auto). Nun schauen alle Kinder auf ihrer eigenen Bingo-Platte nach, ob sie ein blaues Auto finden können. Ist dies der Fall, dürfen sie das gefundene Fahrzeug mit einem Muggelstein belegen und so markieren. Danach ist ein anderes Kind an der Reihe und darf die Drehscheiben bedienen. Wenn eine Kombination gedreht wird, die es bereits gab, darf das Kind beide Drehscheiben noch einmal drehen. Wenn ein Kind so viele Muggelsteine auf seiner Bingo-Platte hat, dass eine Reihe (waagerecht, senkrecht oder diagonal) vollständig gefüllt ist, ruft es „Bingo!". Das Spiel endet, wenn ein Kind ein Bingo geschafft hat.

Variationen:
a) Farbe und Fahrzeug werden nach dem Würfeln nicht benannt. Jedes Kind schaut aus eigenen Überlegungen heraus, ob es die passende Kombination hat.
b) Variation für jüngere Kinder: Es gibt nur ein großes Spielfeld, auf dem die Fahrzeuge in unterschiedlichen Farben zu sehen sind. Nach Drehen der Drehscheiben suchen die

---

[4] *Spielidee angelehnt an das Spiel „Bingo", z. B. Schmidt Spiele, EAN: 4001504490898*

Kinder gemeinsam das richtige Fahrzeug in der gedrehten Farbe und belegen dieses als Markierung mit einem Muggelstein. Hierbei geht es nicht darum eine vollständige Reihe zu bilden. Die Spieldauer kann damit beliebig variiert werden.

Impulse und Handlungsweisen der Psychomotorik:

- Beziehungsarbeit (Begleitung des Handelns)
- Visuelle Wahrnehmung (Farbe, Figur-Grund, Formkonstanz)
- Entwicklungsorientierung
- Frustrationstoleranz

Förderaspekte

- **Aufmerksamkeit** = fokussiert das Spielgeschehen verfolgen; aufmerksames Zuhören beim Benennen des Fahrzeugs und der Farbe; sich immer wieder auf die eigene Bingo-Platte konzentrieren
- **Phonologische Schleife** = die genannte Farb-Fahrzeug-Kombination erfassen und abspeichern, sodass diese auf der eigenen Bingo-Platte gefunden werden kann
- **Visuell-räumlicher Notizblock** = aufgedecktes Farb- und Bildmotiv kurzfristig speichern
- **Räumliche Wahrnehmung** = suchen und finden der gedrehten Fahrzeuge in der entsprechenden Farbe auf der unübersichtlichen Bingo-Platte
- **Inhibition** = Regulieren von Emotionen und Verhalten
- **Kognitive Flexibilität** = sowohl die Farbe als auch die Art des Fahrzeugs beachten und beide Faktoren kombinieren, um das richtige Fahrzeug auf der Bingo-Platte zu finden

5.3.4 Tierfütterung im Zauberwald[5]

Altersgruppe: 5–11 Jahre
(Spiel-)Dauer: ca. 30 Minuten
Setting: Gruppe von 3–6 Kindern

Material:

- große Pappröhren
- gebastelte Baumkronen aus Musterpappe mit Tierfutter-Bildkarten darunter
- verschiedene Kuscheltiere
- Klein-/Großgeräte und Materialien für die Wege (z. B. Kriechtunnel, Balancesteine, Reifen, kleiner Kasten)
- großer Pappkarton

Vorbereitung:

- Baumkronen aus Pappe basteln, Bildmotive darunter kleben, diese auf den Pappröhren platzieren und im Raum verteilen
- aus Klein-/Großgeräten und Materialien Wege gestalten, die jeweils zu einem Baum führen
- Kuscheltiere in einer Ecke des Raumes im Pappkarton verstecken

5 *Spielidee angelehnt an das Spiel „Sagaland“, Ravensburger, 4001504760403*

Durchführung:

Ein Kind beginnt und zieht ein Kuscheltier aus dem Pappkarton. Das Ziel für alle Kinder ist es nun, dass passende Futter für das gezogene Tier unter einem der Bäume zu finden. Hierzu dürfen die Kinder, wenn sie an der Reihe sind, immer ein Hindernis überwinden, um zu einem Baum zu gelangen. Dort angekommen schauen sie verdeckt unter den Baum und versuchen sich das gesehene Futter zu merken. Sobald sie glauben zu wissen, wo sich das richtige Futter befindet, begeben sie sich auf den Weg zum Kuscheltier. Dabei dürfen sie pro Zug ebenfalls nur ein Hindernis überwinden. Dort angekommen benennen sie den richtigen Baum. Wenn das richtige Futter gefunden wurde, wird ein neues Tier aus dem Karton herausgezogen. Wenn es das falsche Futter-Bild war, suchen alle Kinder weiter.

Variation:

Die Kinder können an verschiedenen Stellen im Wald starten, damit sie nicht denselben Weg wie die anderen Kinder wählen können.

Impulse und Handlungsweisen der Psychomotorik:

- Bewegungsplanung
- Materialerfahrung
- Körpererfahrung (Motorik, Koordination, Gleichgewicht)
- Wahrnehmung (Körperschema)
- Frustrationstoleranz

Förderaspekte	
	▶ **Aufmerksamkeit** = ausdauerndes Fokussieren auf das Spielgeschehen ▶ **Visuell-räumlicher Notizblock** = gefundene Tierfutter-Bildkarten merken und an der richtigen Stelle wiederfinden ▶ **Planung** = Wege geschickt auswählen, um auf dem schnellsten Weg zum Ziel oder Wunschbaum zu gelangen ▶ **Räumliche Wahrnehmung** = Überblick über die Position der Bäume im Raum gewinnen ▶ **Inhibition** = Emotionen kontrollieren und sich zurücknehmen, um den anderen Kindern keine Hinweise auf die Bildkarten unter den angesehenen Bäumen zu geben; am Standort verbleiben, während die anderen Kinder am Zuge sind; Regeleinhaltung ▶ **Kognitive Flexibilität** = sich immer wieder auf einen neuen Suchgegenstand fokussieren; bestimmte Symbole und Bilder miteinander in Verbindung zu bringen (vorhandenes Wissen abrufen: welches Futter für welches Tier?)

5.3.5 Muschelpaare[6]

Altersgruppe: 6–9 Jahre
(Spiel-)Dauer: ca. 15 Minuten
Setting: Kleingruppe mit bis zu 4 Kindern

Material:

- ca. 12 optisch identische Joghurtbecher
- ca. 12 Muscheln aus Plastik (jeweils 2 gleiche Muscheln); alternativ echte Muscheln

Vorbereitung:

- eine große freie Fläche im Raum schaffen
- Joghurtbecher im Raum verteilen und auf den Kopf stellen
- Muscheln willkürlich unter den Joghurtbechern verteilen

6 *Spielidee angelehnt an die „memory®" Spiele, Ravensburger: z. B. „memory® Natur", EAN: 4005556208814*

Durchführung:

Nacheinander dürfen die Kinder jeweils zwei Joghurtbecher aufdecken und sich die darunter liegenden Muscheln ansehen. Hat ein Kind zwei identische Muscheln gefunden, darf es sein Pärchen an einem ausgewählten Platz zur Seite stellen und ist noch einmal an der Reihe.

Variation:

Die Menge an Joghurtbechern/Muscheln kann je nach Entwicklungsstand der Kinder flexibel angepasst werden.

Impulse und Handlungsweisen der Psychomotorik:

- Materialerfahrung
- taktile und visuelle Wahrnehmung (Oberflächen der Muscheln)
- Sozialkompetenz
- Beziehungsarbeit (Begleitung des Handelns)
- Frustrationstoleranz

Förderaspekte

- **Aufmerksamkeit** = aufmerksames Verfolgen des Spielgeschehens; Zugreihenfolge beachten; fokussieren auf den eigenen Spielzug
- **Visuell-räumlicher Notizblock** = die ähnlich aussehen Oberflächenstrukturen der Muscheln wahrnehmen, unterscheiden und Standort merken
- **Räumliche Wahrnehmung** = die verschiedenen Größen der Muscheln erfassen
- **Inhibition** = Zurückhalten verbaler Äußerungen über den Ort der gesuchten Muscheln; Regulieren von Emotionen

5.3.6 Zangenstapler

Altersgruppe: 6–9 Jahre
(Spiel-)Dauer: ca. 15 Minuten
Setting: Einzelsituation oder Kleinstgruppe mit bis zu 3 Kindern

Material:

- z. B. Spiel „Jenga Classic", Hasbro, EAN: 5010993484096
- Zange(n)

Vorbereitung:

- Holzklötze dem Spiel entnehmen und zu einem Turm aufbauen (jeweils 3 Klötze nebeneinander und anschließend darauf erneut 3 Klötze, diese jedoch um 90° versetzt)
- Zangen bereitlegen

Durchführung:
Ein Kind beginnt und nimmt sich eine der Zangen. Damit versucht es einen Holzklotz aus dem Turm herauszuziehen/herauszuschieben, ohne dass dieser einstürzt. Dabei darf kein Holzklotz aus den obersten drei Lagen entnommen werden. Ist dies gelungen, legt das Kind den entnommenen Holzklotz mit der Zange in entsprechender Position (siehe Vorbereitung) oben auf den Turm. Die Kinder sind immer abwechselnd am Zug. Das Spiel ist beendet, wenn der Turm einstürzt oder alle Holzklötze erfolgreich hochgestapelt werden konnten.

Variationen:

a) Bereits der Aufbau des Turmes erfolgt mit Zangen.
b) Nach einer Runde oder auch zwischendurch wird die Zange gewechselt.
c) Sind alle Holzklötze erfolgreich hochgesetzt worden, erfolgt der Rückbau ebenfalls mit Zangen.

Impulse und Handlungsweisen der Psychomotorik:

- Materialerfahrung
- Feinmotorik und Geschicklichkeit
- Wahrnehmung (Kraftdosierung)
- Selbstwirksamkeit

Förderaspekte	
	▶ **Aufmerksamkeit** = intensive Fokussierung auf das Spielgeschehen ▶ **Planung** = entscheiden, welcher Holzklotz entfernt bzw. reingeschoben wird (Variation c) ▶ **Inhibition** = Emotionen und Verhalten regulieren; langsame Bewegungen ausführen ▶ **Achtsamkeit** = bewusste und kontrollierte Bewegungen, um den Turm nicht umzustürzen

5.3.7 Bauanleitung mit Duftnote[7]

Altersgruppe: 6–9 Jahre
(Spiel-)Dauer: ca. 15 Minuten, nach Belieben
Setting: Kleingruppe mit bis zu 4 Kindern

Material:
- Vorlagen-Karten (s. Download)
- 8 Salz-Packungen
- ausreichend Klebefolie in verschiedenen Farben
- verschiedene Duftquellen (z. B. Teebeutel, Mandarinenschalen)
- Sanduhr/Stoppuhr

Vorbereitung:
- Herstellung der Spielbausteine (s. Herstellungsbeschreibung): Salzpackungen mit jeweils einer Farbe Klebefolie bekleben, ggf. anschließend auf die beiden langen Seiten mit einer andersfarbigen Klebefolie ein Muster kleben (z. B. Herz, Dreieck, Punkte, Streifen)
- Spielbausteine griffbereit platzieren
- Vorlagen-Karten bereitlegen
- freie Fläche zum Bauen schaffen

Durchführung:
Ein Kind beginnt und sucht sich vorab eine Duftquelle aus, die während des Bauens von den anderen Kindern als olfaktorischer Reiz eingesetzt werden kann und damit einen Störfaktor im Bauprozess darstellen kann. Anschließend wird die Sanduhr/Stoppuhr gestartet und das Kind beginnt mit dem Nachbauen. Hierzu zieht es zunächst eine Vorlagen-Karte vom Stapel und versucht das abgebildete Bauwerk anschließend mit den Spielbausteinen exakt nachzubauen. Währenddessen dürfen die anderen Kinder die ausgesuchte Duftquelle verwenden, um das

---

[7] *Spielidee angelehnt an das Spiel „Make ´n´ Break", Ravensburger, EAN: 4005556267507*

bauende Kind damit abzulenken, indem sie z. B. den Teebeutel in Riechweite schwenken oder dem bauenden Kind die Mandarinenschalen unter die Nase halten. Ist dies gelungen, darf das Kind eine neue Vorlagen-Karte nehmen und weiterbauen. Wenn die Zeit abgelaufen ist, ist das nächste Kind an der Reihe.

Variationen:

a) Beliebige Anpassung der Auswahl und Vielfalt der Gerüche.
b) Die Bausteine können zusätzlich mit einem Muster einer andersfarbigen Klebefolie beklebt werden. Dadurch muss das Kind zusätzlich schauen, wie herum der Stein aufgebaut werden muss.

Impulse und Handlungsweisen der Psychomotorik:

- Entscheidungsfreiheit (olfaktorische Reizquelle selbst auswählen)
- Materialerfahrung
- Feinmotorik und Geschicklichkeit
- Selbstwirksamkeit
- Sozialkompetenz (Rücksichtnahme, Einhalten von Nähe und Distanz)

Förderaspekte

- **Aufmerksamkeit** = Selektion (Störfaktoren ausblenden und beim Bauen fokussiert bleiben)
- **Visuell-räumlicher Notizblock** = Vorlagen-Karte einprägen, um beim Bauen Zeit zu sparen; Parallelisieren
- **Planung** = ein stabiles Bauwerk aus den Spielbausteinen errichten, das exakt der Vorlage gleicht
- **Räumliche Wahrnehmung** = Raum-Lage-Wahrnehmung
- **Inhibition** = Regulation von Emotionen und Verhalten; Regeln einhalten (z. B. das bauende Kind mit den Duftquellen nicht berühren)
- **Kognitive Flexibilität** = nicht nur den richtigen Baustein wählen, sondern diesen auch noch mit dem richtigen Muster nach vorne platzieren (Variation b)
- **Zeitmanagement** = sich beim Stören und beim Bauen an eine zeitliche Begrenzung halten

5.3.8 Koffer packen

Altersgruppe: 6–9 Jahre
(Spiel-)Dauer: ca. 10 Minuten
Setting: Gruppe mit bis zu 8 Kindern

Material:

- mindestens 16 verschiedene (Alltags-)Gegenstände, die von Kindern gut benannt werden können (z. B. Wäscheklammer, Stift, Radiergummi, Ring, Kreisel, Reifen, Ball)
- eine Kiste/einen Sack für jedes Kind

Vorbereitung:

- einen Sitzkreis bilden
- jeweils eine Kiste/einen Sack an jedes Kind verteilen
- Gegenstände gut sichtbar für alle in der Mitte bereitlegen

Durchführung:

Ein Kind beginnt und darf sich einen Gegenstand aus der Mitte nehmen. Dabei sagt es „Ich packe meinen Koffer und nehme mit …" und benennt den ausgewählten Gegenstand. Anschließend legt es den Gegenstand in die eigene Kiste/den eigenen Sack und das nächste Kind ist an der Reihe. Dieses beginnt mit demselben Satz: „Ich packe meinen Koffer und nehme mit …", benennt zunächst den Gegenstand, der von dem ersten Kind ausgewählt wurde und nimmt sich anschließend selbst einen Gegenstand aus der Mitte. Dieser wird ebenfalls benannt und in der eigenen Kiste/in dem eigenen Sack versteckt. So geht es reihum weiter. Die Kinder müssen, bevor sie sich einen neuen Gegenstand nehmen, jedes Mal zuerst alle Gegenstände benennen, die bereits von anderen Kindern in den Koffer gepackt wurden. Das Spiel kann beispielsweise nach der zweiten Runde enden.

Variationen:

Die Gegenstände werden nach Benennung auch in der Mitte liegen gelassen. Für diese Variante werden demnach keine Kisten/Säcke benötigt.

Impulse und Handlungsweisen der Psychomotorik:

- Ressourcenorientierung (auditive/visuelle Fähigkeiten)
- Materialerfahrung
- Sozialkompetenz (Kommunikation, gegenseitiges Helfen)
- Selbstbestimmtes Handeln (Auswahl des Gegenstandes)
- Entwicklungsorientierung (Anzahl der Gegenstände und Runden variabel)

Förderaspekte	
	▶ **Aufmerksamkeit** = aufmerksames Zuhören ▶ **Phonologische Schleife & visuell-räumlicher Notizblock** = gesehene und benannte Gegenstände abspeichern und in der richtigen Reihenfolge benennen können (Serialität) ▶ **Inhibition** = Zurückhalten von verbalen Hinweisen ohne explizite Aufforderung zum Helfen ▶ **Kognitive Flexibilität** = ab der zweiten Runde nicht nur den richtigen Gegenstand zum richtigen Kind zuordnen, sondern auch noch differenzieren, welchen Gegenstand das Kind in welcher Runde ausgewählt hat; bei der Auswahl eines Gegenstandes beachten, welche bereits von einem anderen Kind ausgewählt wurden (Variation)

5.3.9 Farbcode[8]

Altersgruppe: 6–9 Jahre
(Spiel-)Dauer: ca. 15 Minuten
Setting: 2-er Teams

Material:

- eine große Kiste
- Schwämme in möglichst vielen unterschiedlichen Farben (mindestens 10 von einer Farbe)
- einen Baustein
- Muggelsteine in 2 verschiedenen Farben

Vorbereitung:

- Schwämme in der Kiste auf der einen Seite bereitstellen
- Baustein als Sichtschutz aufstellen
- Muggelsteine hinter dem Baustein platzieren

Durchführung:
Zunächst wird entschieden, wer den Code legt und wer ihn versucht zu erraten. Das Kind, welches den Code erraten soll, dreht sich mit Blickrichtung zur Wand, sodass es das Spielgeschehen nicht mehr einsehen kann. Der „Code-Ersteller“ sucht sich vier unterschiedliche farbige Schwämme aus und platziert diese nebeneinander in einer Reihe hinter dem Baustein, der als Sichtschutz dient. Anschließend gibt er dem ratenden Kind ein Signal, dass es sich umdrehen kann. Das Kind beginnt nun damit den Code zu erraten. Hierzu wählt es immer vier Schwämme aus und legt diese nebeneinander in eine Reihe vor sich. Das andere Kind schaut sich die gelegte Reihe an und vergleicht diese mit seinem gelegten Farbcode. Anschließend markiert es alle Schwämme, die sowohl die richtige Farbe haben als auch an der richtigen Stelle liegen, mit einem grünen Muggelstein. Die anderen Schwämme werden mit einem roten Muggelstein versehen. Daraufhin darf das ratende Kind eine neue Reihe vor sich legen (wobei die alte Reihe liegen bleibt) und das andere Kind gibt ihm mittels der Muggelsteine eine erneute Rückmeldung, ob Teile des Codes bereits richtig sind. So versucht das Kind dem Code Reihe für Reihe näher zu kommen. Das Spiel ist beendet, wenn alle Schwämme mit einem grünen Muggelstein belegt sind. An dieser Stelle sollte der gelegte Farbcode noch einmal mit dem erratenen Farbcode abgeglichen werden.

---

8 *Spielidee angelehnt an das Spiel „Mastermind“, Hasbro, EAN: 5010994012113*

Variation:

Jüngere Kinder sollten sowohl beim Erraten und Ausprobieren als auch beim Vergleichen der Farbcodes und Legen der Muggelsteine begleitet werden.

Impulse und Handlungsweisen der Psychomotorik:

- Materialerfahrung
- Entscheidungsfreiheit
- Sozialkompetenz (Kommunikation)
- Beziehungsarbeit (Begleitung des Handelns)
- Handlungsplanung

Förderaspekte

- **Aufmerksamkeit** = fokussieren beim Legen und Vergleichen der Farbcodes
- **Planung** = strukturiertes Vorgehen, um möglichst schnell den gesuchten Farbcode herauszufinden
- **Räumliche Wahrnehmung** = vergleichen der gelegten Schwämme in ihrer Farbe und Position
- **Kognitive Flexibilität** = verschiedene Farbkombinationen ausprobieren; neue Varianten finden; bereits richtig platzierte Schwämme im Blick behalten

5.3.10 Sudoku

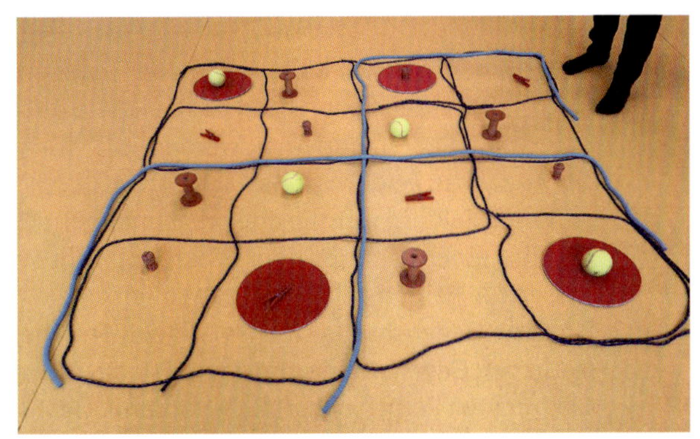

Altersgruppe: 6–9 Jahre
(Spiel-)Dauer: ca. 10 Minuten
Setting: Einzelsituation

Material:

- 10 Seile
- 4 verschiedene Gegenstände, jeden Gegenstand in 4-facher Ausführung
- farbige Platten

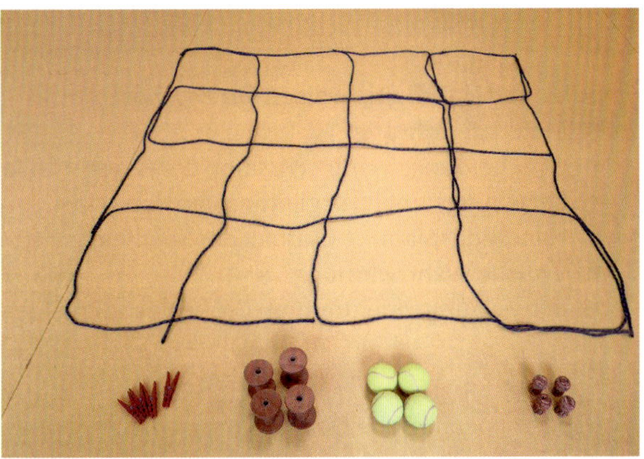

Vorbereitung:

- 5 Seile waagerecht übereinander auf den Boden legen, 5 Seile senkrecht so nebeneinander auf den anderen Seilen platzieren, dass daraus ein 4 × 4 – Sudoku-Feld entsteht
- Gegenstände mischen und neben dem Spielfeld bereitlegen
- ggf. zusätzlich Seile platzieren, die die einzelnen 2 × 2 Felder (jeweils in einer Ecke) kennzeichnen/visuell abgrenzen

Durchführung:

Das Kind beginnt damit, dass es die unterste waagerechte Reihe des Spielfeldes mit den zur Verfügung stehenden Gegenstände befüllt. Dabei soll jeder Gegenstand nur einmal in der Reihe vorhanden sein. Anschließend füllt es nach und nach alle Felder des Sudoku-Feldes, sodass jeder Gegenstand in jeder waagerechten Reihe einmal, aber in jeder senkrechten Reihe ebenfalls nur einmal vorkommt.

Variationen:

a) Ältere Kinder können beim Aufbau des Spielfeldes helfen.
b) Alternativ zu den Seilen kann das Spielfeld auch mit Kreppband aufgeklebt oder großräumig auf Papier aufgemalt werden.
c) Die Anzahl an Feldern ist (je nach Entwicklungsstand der Kinder) flexibel anpassbar. Bei größeren Feldern werden entsprechend mehr Gegenstände benötigt.
d) Mithilfe einer Sanduhr oder einer Stoppuhr wird ein Zeitfaktor eingebaut, innerhalb dessen die Reihen gefüllt werden sollen.
e) Einzelne Gegenstände sind im Sudoku-Feld bereits eingefügt. Das Kind muss nun die restlichen Gegenstände einsetzten, so dass jeder Gegenstand in der waagerechten und senkrechten Reihe nur einmal vorkommt. Der Schwierigkeitsgrad kann durch die Anzahl der vorgegebenen Gegenstände variiert werden. Wichtig: die vorgegebenen Gegenstände müssen markiert werden (z. B. mithilfe einer unterlegten Platte), damit das Kind weiß, dass diese nicht mehr bewegt werden dürfen.

Impulse und Handlungsweisen der Psychomotorik:

- Materialerfahrung
- Entscheidungsfreiheit (Position der Gegenstände in der ersten Reihe)
- Beziehungsarbeit (Begleitung des Handelns)
- Handlungsplanung (Aufbau des Spielfeldes bei Variation a)
- Visuelle Wahrnehmung
- Entwicklungsorientierung (Größe des Spielfeldes flexibel wählbar)

Förderaspekte

- **Aufmerksamkeit** = fokussiertes und konzentriertes Legen der Gegenstände, um keine Dopplungen zu haben
- **Planung** = Entscheidungsfindung
- **Räumliche Wahrnehmung** = Übersicht über das Spielfeld und die einzelnen Reihen erlangen; ein vorgegebenes Spielfeld aus Seilen legen (Variation a); Kombination; Beziehungen zwischen den Gegenständen erkennen
- **Kognitive Flexibilität** = Gegenstände immer wieder neu positionieren; Erkennen von Mustern und Anwenden von logischem Denken
- **Zeitmanagement** = innerhalb der vorgegebenen Zeit alle Reihen füllen; sich nicht zu lange mit der Anordnung einer Reihe aufhalten

5.3.11 Sieg für die 4[9]

Altersgruppe: 6–10 Jahre
(Spiel-)Dauer: ca. 10 Minuten
Setting: Gruppe von 6–10 Kindern

Material:

- 25 gleichgroße Reifen (unterschiedliche Farben möglich)
- 2 verschiedene Materialien in ausreichender Menge (z. B. Flaschen von Smoothies oder Babynahrung und Quietsche-Enten)
- eine Startlinie (z. B. ein Kreppband oder eine vorhandene Linie auf dem Turnhallenboden)

Vorbereitung:

- Reifen so auf dem Boden anordnen, dass jeweils 5 Stück nebeneinander und 5 Stück untereinander liegen und sich ein 5 × 5 großes Spielfeld ergibt (alternativ: einzelne Felder mit Seilen legen oder mit Klebeband aufkleben)
- die anderen Materialien vor dem Spielfeld bereitlegen

Durchführung:

Die Kinder werden in zwei Mannschaften mit der identischen Anzahl an Mitspieler*innen aufgeteilt. Jede Mannschaft bekommt ein Material. Abwechselnd darf jeweils ein Mitglied der Mannschaft einen der eigenen Gegenstände in einen Reifen legen. Das Ziel ist es dabei, vier gleiche Gegenstände in einer Reihe liegen zu haben (senkrecht, waagerecht oder diagonal). Das Spiel endet, sobald eine Mannschaft eine 4-er-Reihe bilden konnte.

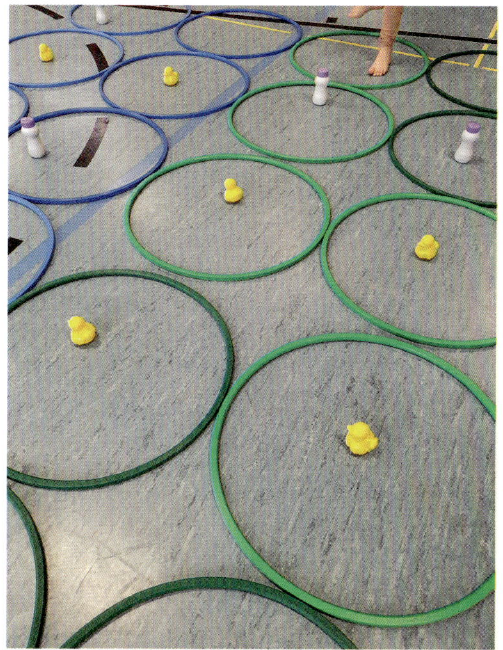

9 *Spielidee angelehnt an das Spiel „4 gewinnt", z. B. MB-Spiele, EAN: 604454500*

Variation:

Das Spiel kann mit Tempo und in Bewegung stattfinden. Hierzu wird etwa 5–7 Meter vor dem Spielfeld eine Markierung gelegt, hinter der sich die Kinder aufstellen dürfen. Von hier aus darf nun jeweils ein Kind aus jeder Mannschaft gleichzeitig zum Spielfeld rennen, um dort einen der eigenen Gegenstände in einem Reifen zu legen. Anschließend machen die Kinder sich wieder auf den Rückweg und das nächste Kind aus jeder Mannschaft darf loslaufen, sobald es abgeklatscht wurde. Auch bei dieser Variante ist es das Ziel, vier Gegenstände in einer Reihe liegen zu haben. Dabei sollte das Spielfeld auf 4 × 4 Felder verkleinert werden, damit nicht allein die Schnelligkeit der Kinder ausschlaggebend ist, wer zuerst eine 4-er-Reihe vollenden kann.

Impulse und Handlungsweisen der Psychomotorik:

- Handlungsplanung
- Entscheidungsfreiheit
- Sozialkompetenz (Zusammenarbeit im Team, Kommunikation)
- Frustrationstoleranz
- Selbstwirksamkeit
- Körpererfahrung
- Materialerfahrung

Förderaspekte

- **Aufmerksamkeit** = das Spielgeschehen fokussiert beobachten; Zugreihenfolge beachten,
- **Planung** = strukturiertes Vorgehen zum Bilden einer eigenen 4-er-Reihe
- **Räumliche Wahrnehmung** = sich auf dem Spielfeld zurechtfinden; Reihenbildungen in alle Richtungen (senkrecht, waagerecht und diagonal) wahrnehmen
- **Inhibition** = Bewegungsverhalten steuern; Impuls des Losrennens kontrollieren, bis das Abklatschen erfolgt ist
- **Kognitive Flexibilität** = sich auf das ständig verändernde Spielfeld immer wieder neu einstellen und seine eigene Handlung (Ablegen des Gegenstandes) daran anpassen; eigene 4-er-Reihe bilden und gleichzeitig verhindern, dass die gegnerische Mannschaft eine vollständige 4-er-Reihe legen kann
- **Zeitmanagement** = Reaktion und Bewegung anpassen, wenn man am Zuge ist (Variation)

5.3.12 Montagsmaler[10]

Altersgruppe: 6–10 Jahre
(Spiel-)Dauer: ca. 15 Minuten
Setting: 2 Kinder bis hin zur Großgruppe/evtl. Teambildung

Material:
- Whiteboard + Stifte oder Tafel + Kreide, Lappen
- evtl. im Voraus ausgedachte Begriffe schriftlich festgehalten

Vorbereitung:
- die Begriffe auf kleinere Zettel notieren
- benötigtes Material zurechtlegen

Durchführung:
Das Kind zieht eine Karte, liest für sich den Begriff und malt diesen im anschließend auf das Whiteboard /die Tafel. Die anderen Kinder versuchen schon während des Malens den Begriff zu erraten. Hat ein Kind den Begriff erraten, wird gewechselt.

Variationen:
- **a)** Der Schwierigkeitsgrad kann durch die Auswahl der Begriffe variiert werden.
- **b)** Das malende Kind und die Gruppe haben eine festgesetzte Zeit.

Impulse und Handlungsweisen der Psychomotorik:
- Selbstbestimmtes Handeln
- Selbstwirksamkeit
- Kreativität
- Sozialkompetenz
- Grafomotorik

10 *Spielidee angelehnt an die TV-Sendung von Frank Elstern „Die Montagsmaler", Erstausstrahlung 1974*

Förderaspekte	▶ **Visuell-räumlicher Notizblock** = visuelles Operieren, Gestaltschließen ▶ **Räumliche Wahrnehmung** = Größenproportionen und Abstände wahrnehmen ▶ **Kognitive Flexibilität** = frühzeitiges Antizipieren, was gezeichnet wird; zu malender Begriff bildhaft merken und während des Malprozesses präsent halten ▶ **Zeitmanagement** = Zeit beim Zeichnen effektiv nutzen und einteilen, um möglichst viele Begriffe in der festgelegten Zeit erraten zu lassen (Variation b)

5.3.13 Wer hat es?[11]

Altersgruppe: 6–10 Jahre
(Spiel-)Dauer: ca. 15 Minuten
Setting: Gruppe von 3–6 Kindern

Material:

- Material zum Bauen eines Sichtschutzes (z. B. Bausteine)
- eine Kiste
- ein blickdichtes Tuch
- verschiedene (Alltags-)Materialien = jeweils zwei oder vier von einem Material (z. B. Wäscheklammern, Korken, Knöpfe, Schwämme, Zangen, Würfel, Flaschen)

Vorbereitung:

- Materialien in der Kiste verstecken und diese in die Mitte stellen
- Kiste mit dem Tuch abdecken
- Material zum Bau des Sichtschutzes bereitlegen

[11] *Spielidee angelehnt an das Spiel „Wer hat´s?", Adlung Spiele, EAN: 4001504760403*

Durchführung:
Die Kinder bauen sich zunächst einen Sichtschutz aus dem bereitgestellten Material. In diese sollten sie sich hineinsetzen können und sie sollte von außen nicht einsehbar sein. Nacheinander gehen die Kinder in die Mitte und ziehen aus der Kiste einen Gegenstand heraus. Das Kind

benennt den Gegenstand und versteckt ihn hinter seinem Sichtschutz. Wenn ein Kind einen Gegenstand zieht, bei dem es glaubt, dass dieser bereits von einem anderen Kind gezogen wurde, darf es das entsprechende Kind auffordern diesen herauszugeben („Ich hätte gerne dein…") Liegt das Kind mit seiner Vermutung richtig, bekommt es beide Gegenstände und hat damit ein Paar gefunden, welches für alle gut sichtbar vor dem Sichtschutz platziert wird. War die Vermutung falsch, muss es seinen gezogenen Gegenstand zurück in die Kiste legen. Zieht ein Kind einen Gegenstand, den es bereits selbst hinter seinem Sichtschutz hat, versucht es dies vor den anderen Kindern geheim zu halten und sammelt somit auch versteckt eigene Pärchen. Am Ende werden die Paare gezählt und das Kind mit den meisten Paaren gewinnt das Spiel.

Variation:
Damit die Kinder die Gegenstände in der Kiste nicht erfühlen können und sich damit etwas aussuchen können, was sie ziehen, wird eine Zeitvorgabe eingeführt (z. B. 3 Sekunden) innerhalb derer das Kind einen Gegenstand aus der Kiste ziehen muss.

Impulse und Handlungsweisen der Psychomotorik:
- Selbstbewusstsein
- Handlungsplanung
- Räumliche Wahrnehmung (Bau des Sichtschutzes)
- Materialerfahrung
- Ressourcenorientierung
- Sozialkompetenz (Kommunikation)

Förderaspekte	
	▶ **Aufmerksamkeit** = fokussiert das Spielgeschehen verfolgen, um keinen Gegenstand zu verpassen ▶ **Phonologische Schleife & visuell-räumlicher Notizblock** = zuhören und zusehen, wenn die anderen Kinder Gegenstände aus der Kiste ziehen, diese benennen und sich merken ▶ **Inhibition** = verbale und mimische Ausdrücke zurückhalten, wenn ein Gegenstand gezogen wird, den man selbst bereits in seiner Höhle hat, um sich nicht zu verraten; den anderen Kindern keine ungefragten Hinweise auf den Aufenthaltsort eines Gegenstandes geben ▶ **Zeitmanagement** = innerhalb der vorgegebenen Zeit einen Gegenstand aus der Kiste ziehen (Variation)

5.3.14 Wer bin ich?[12]

Altersgruppe: 7–11 Jahre
(Spiel-)Dauer: ca. 15 Minuten
Setting: Gruppe von 2–4 Kindern

Material:
- Bildkarten mit Tieren
- verschiedenfarbige Knöpfe
- Feder, Fell, Igelball
- verschiedenfarbige Untergründe (z. B. blaue/grüne/gelbe Matte)
- Sprossenwand (oder andere Möglichkeit zum Hochklettern, z. B. Kasten)
- Füße als Fingerpuppen oder Bildkarten
- drei unterschiedlich große Bausteine

Vorbereitung:
- Matten im Raum verteilen zur Darstellung verschiedener Lebensräume (grün = Wiese, gelb = Wüste, blau = Wasser)
- Bausteine der Größe nach sortiert aufreihen
- alle übrigen Materialien sowie die Bildkarten der Tiere in der Mitte bereitlegen

Durchführung:
Ein Kind zieht eine Bildkarte und prägt sich das gesehene Tier gut ein. Nun gibt es den anderen Kindern nacheinander verschiedene Hinweise, um welches Tier es sich handelt. Die anderen Kinder versuchen anhand folgender Tipps das Tier zu erraten:
- Feder, Igelballs und Fell können die Beschaffenheit des Körpers darstellen
- das Positionieren auf einer Matte oder das Klettern auf die Sprossenwand gibt einen Hinweis auf den Lebensraum des Tieres

12 *Spielidee angelehnt an das Spiel „Concept Kids – Tiere“, Repos, 5425016922750*

- Knöpfe können die Farbe darstellen
- der ausgewählte Baustein zeigt die Größe des Tieres an
- Bildkarten oder Fingerpuppen geben einen Hinweis auf die Anzahl der Beine
- zudem kann das Kind sich unterschiedlich schnell fortbewegen, um die Schnelligkeit des gesuchten Tieres darzustellen
- weitere Hinweise können die Bewegungsart oder das Geräusch des Tieres sein

Variationen:

a) Im Vorfeld wird eine Anzahl an Hinweisen festgelegt werden, die maximal gegeben werden dürfen, um das Tier zu erraten.

b) Die Kinder dürfen ihre Ideen beim Erraten nicht reinrufen, sondern schreiben diese nach Ablauf einer zuvor festgelegten Zeit auf einen Zettel, sodass jeder die Möglichkeit erhält das Tier zu erraten.

Impulse und Handlungsweisen der Psychomotorik:

- Materialerfahrung
- Ganzheitlichkeit
- Handlungsplanung
- Selbstwirksamkeit
- Ich-Kompetenz
- Entwicklungsorientierung (Schwierigkeitsgrad der Tiere individuell anpassbar)
- Körpererfahrung (verschiedene Bewegungsarten)
- Entscheidungsfreiheit (Reihenfolge und Art der Hinweise)

Förderaspekte

- **Aufmerksamkeit** = aufmerksam dem Spielgeschehen folgen
- **Phonologische Schleife & visuell-räumlicher Notizblock** = merken der gesprochenen und gezeigten Hinweise
- **Planung** = bewusste Auswahl und Reihenfolge der Hinweise, um es den anderen Kindern nicht zu leicht zu machen
- **Inhibition** = sich verbal zurückhalten und aufkommende Ideen nicht hereinrufen (Variation b)
- **Kognitive Flexibilität** = die gegebenen Hinweise zu einem Tier zusammensetzen

5.3.15 Schiffe versenken[13]

Altersgruppe: 7–11 Jahre
(Spiel-)Dauer: ca. 30 Minuten
Setting: Kleinstgruppe mit 2 Kindern

Material:

- Kreppband
- Ziffern/Zahlen von 1–10 (z. B. aus Holz)
- Buchstaben A–J (z. B. Magneten)
- 2 große Bausteine als Trennwand
- verschiedenfarbige Schwämme
- Muggelsteine in 2 unterschiedlichen Farben (z. B. rot & grün)

Vorbereitung:

- mithilfe des Kreppbandes zwei Spielfelder mit jeweils 11 × 11 kleinen Feldern aufkleben; die Felder müssen so groß wie die ausgewählten Schwämme sein
- in die oberste waagerechte Reihe die Buchtstaben von A - J hineinlegen, sodass jedes Feld der Reihe, bis auf das links außen, besetzt ist
- in die senkrechte Reihe links außen die Ziffern/Zahlen von 1-10 hineinlegen, sodass jedes Feld, bis auf das oberste, besetzt ist
- Bausteine zwischen den Spielfeldern platzieren
- Schwämme farblich sortieren, um daraus unterschiedlich große Boote legen zu können (z. B. pro Seite: 2 × blau, 3 × orange, 3 × grün, 4 × gelb, 5 × rot)
- rote und grüne Muggelsteine auf jeder Seite bereitlegen

13 *Spielidee angelehnt an das Spiel „Schiffe versenken", z. B. Schmidt Spiele, EAN: 4001504490928*

Durchführung:

Die Kinder platzieren zunächst alle Boote auf ihrem Spielfeld. Dazu legen sie die gleichfarbigen Schwämme senkrecht oder waagerecht in eine Reihe, sodass jeder Schwamm ein kleines Feld besetzt. Ein Kind beginnt und fragt das andere Kind nach einem Feld, indem es einen Buchstaben und eine Ziffer/Zahl nennt (z. B. A - 4). Das andere Kind schaut auf seinem eigenen Spielfeld nach, ob sich in diesem benannten Feld ein Schwamm (also ein Teil eines Bootes) befindet. Ist dies der Fall, so teilt es dem anderen Kind einen „Treffer" mit und entfernt den Schwamm von seinem Spielfeld. Das Kind darf dann noch ein Feld abfragen. Befindet sich in dem angefragten Feld kein Schwamm, so sagt das Kind „kein Treffer" und ist nun selbst an der Reihe. Bekommt ein Kind die Rückmeldung, dass es einen Treffer gelandet hat, legt es einen grünen Muggelstein in das entsprechende, angefragte Feld. War es kein Treffer, so wird das Feld mit einem roten Muggelstein belegt, sodass das Kind den Überblick behält, welche Felder es bereits angefragt hat. Hat ein Kind alle Schwämme eines Bootes getroffen, bestätigt das andere Kind dieses, indem es „Treffer, versenkt" ruft. Wenn alle Boote auf einer Feldseite gefunden wurden, ist das Spiel beendet.

Variation:

Die Länge und Anzahl der Boote können je nach Entwicklungsstand der Kinder variabel angepasst werden. Je größer die Boote sind (also je mehr Schwämme verwendet werden), desto einfacher ist es, einen „Treffer" zu landen.

Impulse und Handlungsweisen der Psychomotorik:

- Entscheidungsfreiheit (Position der eigenen Boote)
- Materialerfahrung
- Sozialkompetenz (Kommunikation)
- Entwicklungsorientierung
- Beziehungsarbeit (Begleitung des Handelns)
- Handlungsplanung

Förderaspekte

- **Aufmerksamkeit** = fokussieren auf das eigene Spielfeld; aufmerksames Zuhören
- **Planung** = überlegtes und planvolles Vorgehen beim Abfragen der Felder
- **Räumliche Wahrnehmung** = Überblick über das komplexe Spielfeld behalten; in der Kombination aus der senkrechten Reihe (Buchstabe) und der waagerechten Reihe (Ziffer/Zahl) das richtige Feld benennen und finden
- **Inhibition** = Verbleiben in gehockter oder sitzender Position, um nicht über den Sichtschutz hinweg auf das andere Spielfeld zu schauen
- **Kognitive Flexibilität** = im Blick behalten, welche Boote noch gefunden werden müssen und wo diese platziert sein könnten; Anzahl der noch freien Kästchen mit der Größe der gesuchten Boote in Verbindung bringen

5.3.16 Teekesselchen[14]

Altersgruppe: 8–11 Jahre
(Spiel-)Dauer: ca. 15 Minuten
Setting: Kleingruppe mit bis zu 5 Kindern

Material:

- Teekesselchen Bildkarten oder entsprechende Gegenstände

Vorbereitung:

- Bildkarten oder Gegenstände durchmischt im Raum verteilen und gut sichtbar auf dem Boden platzieren

Durchführung:

Die Kinder bewegen sich durch den Raum und versuchen Bildpaare/Gegenstandspaare zu finden, die ein Teekesselchen ergeben. Das bedeutet zwei Gegenstände zu finden, die mit dem Gleichen Begriff bezeichnet werden, jedoch eine unterschiedliche Bedeutung haben.

Variation:

Es werden nicht alle Bildkarten/Gegenstände verteilt, sondern nur jeweils eins aus einem Pärchen. Die andere Bildkarte/der andere Gegenstand wird den Kindern gezeigt und sie machen sich dann auf die Suche nach dem passenden Pärchen.

---

[14] *Spielidee angelehnt an die früheste Beschreibung des Spiels „Teapot" in „The Book of a Hundred Games" von Mary White (1896), S. 117*

Impulse und Handlungsweisen der Psychomotorik:

- Materialerfahrung
- Sozialkompetenz (Absprachen, Rücksichtnahme)
- Entwicklungsorientierung
- Entscheidungsfreiheit (flexibel wählen, welcher Gegenstand gesucht wird)
- Frustrationstoleranz

Förderaspekte	
	▶ **Aufmerksamkeit** = auf einen Gegenstand fokussieren und für diesen das passende Gegenstück suchen; Selektion; sich nicht von den Suchaktionen der anderen Kinder ablenken lassen ▶ **Visuell-räumlicher Notizblock** = bereits gesehene Bildkarten/Gegenstände merken, sodass diese schnell wiedergefunden werden können ▶ **Planung** = strukturiertes Suchen ▶ **Räumliche Wahrnehmung** = Überblick über die verteilten Bildkarten/Gegenstände gewinnen ▶ **Kognitive Flexibilität** = den Gegenstand benennen und nach einem zweiten Gegenstand suchen, der sich genauso nennt, dessen Bedeutung jedoch eine andere ist

5.4 Praxisanregungen mit (kooperativen) Gruppenspielen/Gruppenaufgaben

5.4.1 Netz spinnen

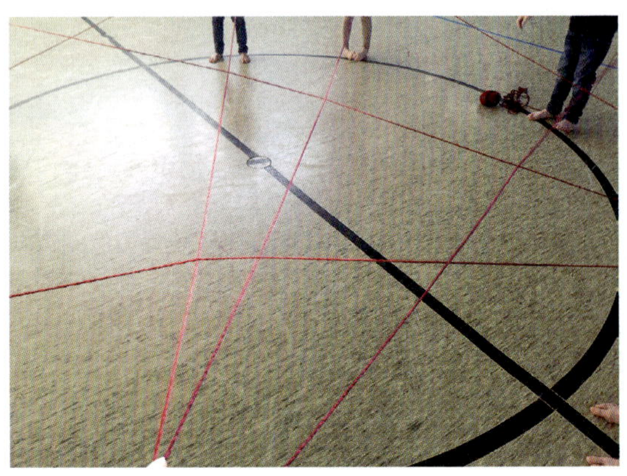

Altersgruppe: 5–9 Jahre
(Spiel-)Dauer: ca. 10 Minuten
Setting: Gruppe von 5–10 Kindern

Material:
- ein großes, aufgewickeltes Wollknäuel

Vorbereitung:
- einen Stehkreis bilden
- das Wollknäuel bereithalten

Durchführung:
Die Kinder stehen in einem großen Kreis. Ein Kind hält das Wollknäuel in der Hand, wickelt es ein bisschen ab und wirft es einem anderen Kind zu. Wichtig: den Anfang des Wollknäuels behält das Kind. Das zweite Kind führt das Wollknäuel einmal hinter seinem Rücken entlang und wirft es dann weiter zum nächsten Kind. So fliegt das Wollknäuel von einem zum nächsten Kind, bis alle Kinder einmal an der Reihe waren. Anschließend muss es in die entgegengesetzte Richtung/Reihenfolge wieder zurückgeworfen werden, um das entstandene Netz wieder zu entwirren.

Variationen:
a) Beim Werfen wird das Kind, welches das Wollknäuel fangen soll, mit seinem Namen angesprochen.
b) Es gibt die Aufgabe, dass bei jedem Wurf zusätzlich etwas benannt werden muss (z. B. Obstsorten). Jede Sorte darf dabei nur einmal aufgeführt werden.
c) Das Wollknäul wird so lange von Kind zu Kind geworfen, bis einmal das gesamte Alphabet aufgezählt wurde. Zu jedem Buchstaben soll dabei beim Werfen zusätzlich ein Tier gesucht und benannt werden (z. B. Affe, Bär, Chamäleon)
d) Anstatt des Herführens des Wollknäuels hinter dem eigenen Rücken kann der Faden auch mit der Hand festgehalten werden.
e) Nach Erstellung des Spinnennetzes kann dieses von einzelnen Kindern durchklettert werden.

Impulse und Handlungsweisen der Psychomotorik:
- Körpererfahrung (Koordination, Kraftdosierung, (beidhändige) Bewegungssteuerung)
- Sozialkompetenz (Kommunikation, Bedürfnisse der anderen beachten)
- Entscheidungsfreiheit (Wahl des Wurfziels)

- Kreativität
- Bewegungsplanung
- Materialerfahrung
- Selbstbewusstsein

Förderaspekte

- **Aufmerksamkeit** = fokussierte und aktive Beteiligung am Spielgeschehen
- **Phonologische Schleife** = genannte Begriffe merken, damit es nicht zu Dopplungen kommt (Variation b)
- **Visuell-räumlicher Notizblock** = geworfene Reihenfolge abspeichern
- **Planung** = seriale Abfolge von Buchstaben einhalten (Variation c)
- **Inhibition** = Verhalten regulieren; Abwarten, bis man an der Reihe ist; ruhiges Stehen, damit der Faden hinter dem Rücken hält
- **Kognitive Flexibilität** = zu jedem Anfangsbuchstaben einen Begriff (z. B. ein Tier) finden (Variation c)
- **Achtsamkeit** = bewusste Bewegungssteuerung und Kraftdosierung beim Werfen; vorsichtiges Bewegen durch das Spinnennetz (Variation e); den Faden beim Werfen des Wollknäuels festhalten (Variation d)

5.4.2 Künstler

Altersgruppe: 5–9 Jahre
(Spiel-)Dauer: ca. 15 Minuten
Setting: Gruppe von 3–6 Kindern

Material:

- Seile in verschiedenen Farben und Längen
- Glücksrad mit Formen
- Klein- und Großgeräte und Materialien zum Aufbau eines Bewegungsparcours (z. B. Kasten, Matte, Reifen, Poolnudeln, Bank)

Vorbereitung:

- Glücksrad Herstellung (s. Herstellungsbeschreibung): verschiedene Formen auf Papier aufmalen, laminieren, ausschneiden und mit Klett am Glücksrad befestigen
- Aufbau des Bewegungsparcours: mithilfe von verschiedenen Groß- und Kleingeräten sowie Materialien Hindernisse aufbauen, die sich aneinanderreihen und so einen Bewegungsparcours ergeben
- am Ende des Parcours eine freie Fläche zum Legen der Formen schaffen (ggf. optisch eingrenzen)
- Seile in einer Kiste neben dem Glücksrad bereitstellen

Durchführung:
Die Kinder drehen nacheinander am Glücksrad und prägen sich die gedrehte Form ein. Entsprechend der Form wählen sie sich ein passendes Seil aus, die sie mitnehmen. Anschließend überqueren sie die Hindernisse des Bewegungsparcours, bis sie an die freie Fläche am Ende des Parcours gelangen. Dort angekommen versuchen sie mithilfe des mitgenommenen Seils die gedrehte Form nachzulegen. Ist dies gelungen, bewegen sie sich am Rande des Parcours zurück zum Glücksrad und sind erneut an der Reihe. Einige Formen benötigen mehrere Seile. Da jedes Kind nur ein Seil über den Parcours transportieren darf, müssen diese Formen von mehreren Kindern gemeinsam nachgelegt werden.

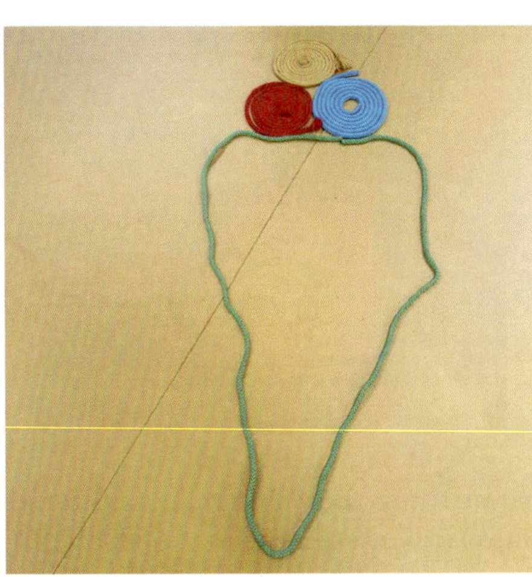

Variation:

Variationen ergeben sich durch die Veränderung des Parcours in der Länge und Art der Hindernisse sowie der Auswahl der Formen (alternativ: Ziffern oder Buchstaben).

Impulse und Handlungsweisen der Psychomotorik:

- Materialerfahrung
- Sozialkompetenz (Partner suchen, Kommunikation, Absprachen treffen)
- Wahrnehmung (Propriozeption)
- Körpererfahrung (Visuomotorik, Gleichgewicht)
- Feinmotorik und Geschicklichkeit

Förderaspekte	
	▶ **Visuell-räumlicher Notizblock** = Abspeichern der Form bis zum Nachlegen am Ende des Parcours, Erfassen und Wiedergeben von Formen im Bereich Geometrie und Symmetrie, Mustern und Strukturen ▶ **Planung** = Auswahl eines passenden Seiles; Bemerken, wenn mehrere Seile für die Form benötigt werden ▶ **Räumliche Wahrnehmung** = räumliches Vorstellungsvermögen ▶ **Inhibition** = Regeleinhaltung; den Bewegungsparcours nur in abgesprochener Form durchqueren ▶ **Kognitive Flexibilität** = eigenes Nachlegen der visuell erfassten Form; Verknüpfung von geometrischen Formen, Mustern und Strukturen ▶ **Achtsamkeit** = langsame und kontrollierte Bewegungen über die Hindernisse des Bewegungsparcours; genaues Nachlegen der Formen mit dem Seil

5.4.3 Auf schmalem Grat

Altersgruppe: 5–9 Jahre
(Spiel-)Dauer: ca. 15 Minuten
Setting: Gruppe mit bis zu 20 Kindern

Material:
- Schwämme in verschiedenen Farben/Formen
- 2 Turnbänke

Vorbereitung:
- Turnbänke aneinander gereiht in der Mitte des Raumes aufbauen
- Schwämme um die Bänke herum auf dem Boden verteilen

Durchführung:
Die Kinder bekommen freie Zeit zum Bauen mit den Schwämmen. Das Bauwerk soll auf der Bank errichtet werden und darf allein, zu zweit oder in einer kleinen Gruppe erstellt werden.

Variation:

a) Es gibt eine vereinbarte Zeitvorgabe, wie lange die Kinder an ihrem Bauwerk bauen dürfen.

b) Die Bank wird umgedreht, sodass die schmalere Seite zum Bauen genutzt werden kann.

Impulse und Handlungsweisen der Psychomotorik:
- Materialerfahrung
- Feinmotorik und Geschicklichkeit
- Sozialkompetenz (Absprachen, Rücksichtnahme, Kooperation)
- Visuelle Wahrnehmung (Raum-Lage)
- Selbstbestimmtes Handeln
- Kreativität
- Handlungsplanung

- Selbstwirksamkeit
- Frustrationstoleranz

Förderaspekte	
	▶ **Planung** = Vorstellung, wie man stabiles Bauwerk aus den Schwämmen auf einem schmalen Untergrund errichten kann ▶ **Räumliche Wahrnehmung** = Räumliche Beziehungen (wie viel Platz habe ich zur Verfügung zum Rand der Bank und zu meinen Nachbarn?) ▶ **Inhibition** = Regulation von Verhalten und Emotionen; sich nicht von benachbartem Bauen anderer Kinder ablenken lassen ▶ **Zeitmanagement** = das Bauwerk innerhalb einer bekannten Zeitvorgabe fertig stellen (Variation) ▶ **Achtsamkeit** = vorsichtiges Bewegen beim Bauen, um benachbarte Bauwerke nicht zu beschädigen; kontrollierte Bewegungssteuerung, damit das eigene Bauwerk auf der schmalen Bank hält

5.4.4 Der achtsame Schatzräuber

Altersgruppe: 5–9 Jahre
(Spiel-)Dauer: ca. 30 Minuten
Setting: Kleingruppe mit 2–4 Kindern

Material:

- Gewichtsmemory: Flaschen (z. B. von Smoothies oder Babynahrung), Sand zum Befüllen (s. Kapitel 4.3)
- Geräusche-Memory: kleine Dosen (z. B. Filmdosen), Material zum Befüllen (z. B. Stroh, Papier, Sand, Styropor, stabile Muscheln, Murmeln, Steine)
- „Ball in den Reifen“: Reifen, kleiner Gymnastikball (s. Kapitel 4.3)
- Tastsäckchen: undurchsichtiger Sack, Material zum Erfühlen (z. B. Wäscheklammer, Büroklammer, Radiergummi, Stift, Kreisel, Murmel, Perle)
- Tastspiel „Fingerspitzengefühle“ = mit flüssiger durchsichtiger Klebe (alternativ Klebepistole) auf festeres Papier malen (s. Kapitel 4.1)
- Drehkreisel (s. Kapitel 4.2)
- 6 Schatzkisten
- 6 Bausteine oder 6 farbige Tücher in den Farben des Farbwürfels
- Bildkarten für eine Bildergeschichte
- Farbwürfel

Vorbereitung:

- Bausteine kreisförmig aufstellen
- jeweils eine Schatzkiste auf einem Baustein bereitstellen
- einzelne Achtsamkeitsübungen vorbereiten (siehe Material)
- zu jeder Schatzkiste das Material für eine Achtsamkeitsübung zuordnen
- Bildkarten in den Schatzkisten verstecken
- Farbwürfel bereitlegen

Durchführung:

Ein Kind beginnt und würfelt den Farbwürfel, um damit zu bestimmen, mit welcher Schatzkiste die Kinder starten. Um die geheimnisvolle Schatzkiste zu öffnen, absolvieren die Kinder gemeinsam (in Kooperation) die jeweilige Achtsamkeitsübung:

- Gewichtsmemory: durch Spüren zwei gleichschwere Flaschen finden; alle Flaschen zu Pärchen zuordnen
- Geräusche-Memory: durch Hören zwei Dosen finden, die mit demselben Material befüllt sind; alle Dosen zu Pärchen zuordnen
- „Ball in den Reifen": den Ball aus einer bestimmten Entfernung (ca. 2–3 Meter) losrollen, sodass er im Reifen liegen bleibt
- Tastsäckchen: Gegenstände im Säckchen erfühlen und benennen
- Tastspiel: Tiere/Formen/Buchstaben/Gegenstände mit den Fingerspitzen erfühlen und benennen
- Kreisel: auf dem Kreisel sitzen, knie oder stehen und sanfte Bewegungen spüren, wenn der Kreisel langsam gedreht wird

Alle erhaltenen Bildkarten aus den Schatzkisten werden in der Mitte gesammelt. Nachdem alle Bildkarten gefunden wurden, dürfen die Kinder diese in die richtige Reihenfolge bringen, sodass sich eine sinnvolle Bildgeschichte ergibt.

Variationen:

a) Es können andere Achtsamkeitsübungen eingesetzt werden.
b) Der Inhalt der Schatztruhen kann verändert werden (z. B. einzelne Buchstaben, aus denen ein Lösungswort gefunden werden muss).

Impulse und Handlungsweisen der Psychomotorik:

- Entwicklungsorientierung
- Emotionales Empfinden (Spannungsmomente aushalten)
- Materialerfahrung
- Körpererfahrung (Körperschema)
- Sozialkompetenz (Kooperation)
- Ganzheitlichkeit
- Selbstbewusstsein/positives Selbstkonzept
- Beziehungsarbeit (Begleitung des Handelns)
- Wahrnehmungsleistungen (taktil, taktil-kinästhetisch, auditiv, vestibulär)

Förderaspekte

- **Aufmerksamkeit** = Selektion (Störfaktoren ausblenden und fokussieren)
- **Planung** = seriale Abfolge der Bildergeschichte erkennen und wiedergeben
- **Inhibition** = Regeleinhaltung; Impulskontrolle/Bewegungskontrolle
- **Kognitive Flexibilität** = sich immer wieder auf neue Aufgaben einstellen, die unterschiedliche sensorische Kanäle ansprechen und zur Verarbeitung auffordern; distale Reizverarbeitung; multisensorische Integration
- **Achtsamkeit** = bewusstes Wahrnehmen der unterschiedlichen Reize; Spüren des eigenen Körpers; Fingerdiskrimination; Tastschärfe/Oberflächensensibilität; auf die unterschiedlichen Reize fokussieren

5.4.5 Immer dem „Navi“ nach[15]

Altersgruppe: 6–9 Jahre
(Spiel-)Dauer: ca. 10 Minuten
Setting: Kleingruppe mit bis zu 4 Kindern

Material:

- Vergrößerte und laminierte Socken (ein-, zwei- und dreifarbig mit verschiedenen Mustern)[16]; alternativ echte Socken
- 3 Farbwürfel
- eine Bank

Vorbereitung:

- Socken auf dem Boden im Raum verteilen
- Farbwürfel bereitlegen

Durchführung:
Ein Kind beginnt und würfelt mit allen drei Farbwürfeln. Anschließend suchen alle Kinder den passenden Socken, der alle gewürfelten Farben beinhaltet. Wurde dieser gefunden, stellen die Kinder sich auf die Bank, um von dort aus nun die Navigation für den Erwachsenen zu übernehmen. Die Kinder navigieren den Erwachsenen verbal so, dass er am Ende bei dem richtigen Socken steht (z. B. „2 Schritte nach vorne“). Nachdem dieser das Ziel erreicht hat, darf das nächste Kind würfeln.

Variationen:

a) Die Kinder müssen sich nach dem Würfeln sofort auf die Bank stellen und dürfen den Socken nur von dort suchen.
b) Der Erwachsene hat während der Navigation die Augen verbunden und verlässt sich ausschließlich auf die verbalen Richtungsanweisungen der Kinder.
c) Die Kinder navigieren sich gegenseitig zum gesuchten Socken.

---

[15] *Großräumige Spielidee veröffentlicht in „Annehmen und bewegt begleiten“, Rösner, M./Apprich, A., verlag modernes lernen 2019, ISBN: 978-3-8080-0843-0*

[16] *Socken hier aus dem Spiel „Pippi Langstrumpf – Socken suchen“, Oetinger Spiele, EAN: 4260160894642*

Impulse und Handlungsweisen der Psychomotorik:

- Ich-Kompetenz
- Visuelle Wahrnehmung (Figur-Grund-Wahrnehmung; Differenzierung; Erfassen von Muster und Strukturen)
- Sozialkompetenz (Kommunikation, Absprachen, Rücksichtnahme)
- Selbstbestimmtes Handeln
- Beziehungsarbeit

Förderaspekte	
	▶ **Aufmerksamkeit** = auf das Spielgeschehen fokussieren
	▶ **Visuell-räumlicher Notizblock** = die gewürfelten Farben abspeichern; den Aufenthaltsort des gesuchten Sockens merken, um dorthin navigieren zu können
	▶ **Planung** = konkrete und strukturierte Bewegungsanweisungen geben, um auf dem schnellsten Weg zum gesuchten Socken zu gelangen
	▶ **Räumliche Wahrnehmung** = einen Überblick über die Socken im Raum gewinnen; Richtungswahrnehmung; Räumliche Beziehungen/Präpositionen; Rechts/Links-Orientierung
	▶ **Inhibition** = den Socken nach dem Finden nicht selbst nehmen; sich zurücknehmen, auch andere Kinder zu Wort kommen lassen
	▶ **Kognitive Flexibilität** = andere in ihren Bewegungen mit verbalen Aussagen steuern; Perspektivübernahme; Verknüpfung von Farben, Muster und Strukturen zum Finden der richtigen Socke; Visuelles Operieren

5.4.6 Expedition am Nordpol

Altersgruppe: 6–10 Jahre
(Spiel-)Dauer: ca. 30 Minuten
Setting: Kleingruppe von 2–8 Kindern

Material:

- Eisschollen aus bunter Pappe in verschiedenen Größenkombinationen und Farben (pro Kind eine Farbe)
- Blaue Eisschollen als Wasser/geschmolzene Eisscholle
- Eisbären-Bildkarten
- Kreide

Vorbereitung:

- Vorlagen vergrößern; auf Din A1 Tonkarton aufmalen, anschließend ausschneiden = jedes Kind erhält das gleiche Set mit einer Auswahl an 1-er, 2-er, 3-er und 4-er Eisschollen

- einzelne Eisschollen in blau ausschneiden und laminieren
- Eisschollen mit Kreide auf den gesamten Boden des Raumes aufmalen
- Eisbären-Bildkarten auf einzelne Eisschollen platzieren
- Eisschollen-Set pro Kind/Team bereitlegen

Durchführung:
Jedes Kind/jedes Team legt abwechselnd ein Eisschollen-Element auf das Spielfeld in Richtung eines festgelegten Ziels. Dabei dürfen die einzelnen Eisschollen-Elemente immer nur exakt auf die aufgemalten Umrisse am Boden gelegt werden. Eine Eisscholle, die bereits gelegt wurde, darf nicht noch einmal verwendet werden. Über den eigenen gelegten Eisschollenweg dürfen die Kinder drüber balancieren, um so das Ziel zu erreichen. Auf dem Spielfeld müssen die Hindernisse (blaue Eisschollen-Elemente als Wasser und Eisbären) geschickt umbaut werden.

Variationen:

a) Eisbären in Bewegung: Die Eisbären-Bildkarten können während des Spiels von der Spielleitung immer wieder auf eine neue Eisscholle gelegt werden.
b) Die Anzahl der geschmolzenen Eisschollen (blaue Einzelelemente) und die der Eisbären können reduziert/erweitert werden.
c) Einzelne Kinder spielen den Eisbären und stellen sich als Hindernis auf das Spielfeld.
d) Die Eisschollen-Elemente werden reduziert bzw. erweitert, um so das Spiel dem Entwicklungsalter der Kinder anpassen zu können.

Impulse und Handlungsweisen der Psychomotorik:

- Handlungsplanung
- Körpererfahrung
- Gleichgewicht
- Entscheidungsfreiheit (eigenen Weg finden)
- Sozialkompetenz (Kooperation, Kommunikation)
- Kreativität
- Selbstbewusstsein

Förderaspekte

- **Aufmerksamkeit** = Spielgeschehen und Positionswechsel der Eisbären wahrnehmen und verfolgen
- **Planung** = den schnellsten Weg zum Ziel finden; Möglichkeiten finden, die Eisbären und Wasserelemente zu umgehen
- **Räumliche Wahrnehmung** = geschicktes Drehen und Positionieren der Eisschollenelemente, um zum Ziel zu gelangen; Überblick über gesamtes Spielfeld inkl. (bewegte) Hindernisse behalten
- **Kognitive Flexibilität** = den eigenen Weg immer wieder anpassen, wenn andere Kinder mit ihren Eisschollenelementen den Weg kreuzen oder die Eisbären-Bildkarten ihre Position wechseln
- **Achtsamkeit** = vorsichtiges Legen der Eisschollen-Elemente, um die aufgemalten Eisschollen mit Kreide nicht zu verwischen; langsames Balancieren auf dem eigenen Weg

5.5 Praxisanregungen mit großräumigen Bewegungsspielen

5.5.1 Akustische Verwandlung

Altersgruppe: 4–7 Jahre
(Spiel-)Dauer: ca. 10 Minuten, nach Belieben
Setting: Kleingruppe von 2–8 Kindern

Material:

- 4 Buzzer, mit der Möglichkeit zur eigenen Programmierung (z. B. Learning Resources® Buzzer)
- Stühle
- blaue Matte/blauer Teppich
- Zollstöcke
- Kissen und Decken
- Tisch

Vorbereitung:

- Buzzer in der Mitte des Raumes bereitlegen
- Sitzkreis um die Buzzer bilden
- Lebensräume der Tiere in vier verschiedenen Ecken des Raumes aufbauen: Stühle als Bäume nebeneinanderstellen, blaue Matte als Teich auf den Boden legen, aus den ausgeklappten Zollstöcken eine Höhle bauen, Kissen/Decken unter dem Tisch als kuscheligen Platz einrichten

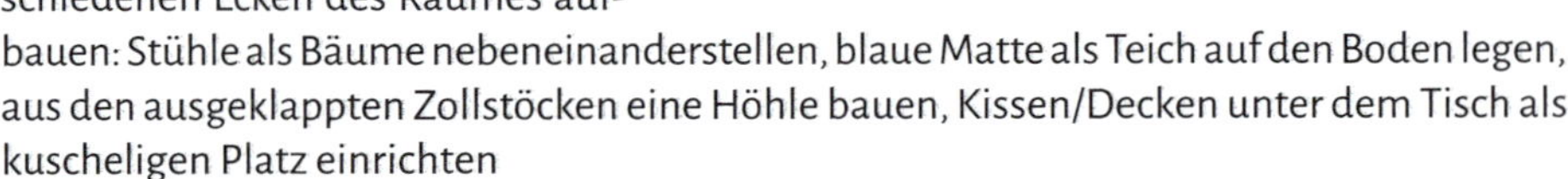

Durchführung:
Zunächst werden die Buzzer gemeinsam mit den Kindern besprochen. Hierzu überlegen sich die Kinder vier verschiedene Tiere, dessen Geräusche sie eindeutig nachmachen können und die zu den aufgebauten Lebensräumen passen (z. B. Eule auf den Stühlen, Bär in der Höhle, Ente im Teich, Katze in der Kuschelecke unter dem Tisch). Die Spielleitung drückt auf die Aufnahmetaste des Buzzers und sobald ein Piepton ertönt, dürfen ausgewählte Kinder das Tiergeräusch imitieren. Anschließend wird es sich auf dem Buzzer gemeinsam angehört. Sobald alle Tiergeräusche aufgenommen sind, kann das Spiel beginnen. Ein Kind drückt auf einen ausgewählten Buzzer. Nach Erklingen des Tiergeräusches bewegen sich die Kinder in der jeweiligen Bewegungsart des Tieres zum passenden Lebensraum (auf die Stühle stellen/in die Höhle kriechen/in den Teich springen/in die Kissen kuscheln). Auf ein Zeichen der Spielleitung kommen alle Kinder zurück in die Mitte zu den Buzzern und das nächste Kind darf einen Buzzer drücken.

Variation:

Die aufgebauten Lebensräume und ausgesuchten Tiere sind je nach Materialverfügbarkeit und Alter der Kinder variabel veränderbar.

Impulse und Handlungsweisen der Psychomotorik:

- Selbstwirksamkeit
- Ganzheitlichkeit
- Körpererfahrung
- Materialerfahrung
- Sozialkompetenz (Rücksichtnahme)
- Ich-Kompetenz
- Entscheidungsfreiheit
- Kreativität

Förderaspekte	
	▶ **Aufmerksamkeit** = aufmerksam das Spielgeschehen verfolgen; fokussiertes Zuhören ▶ **Phonologische Schleife** = Beschreibungen der Bewegungseigenschaften und jeweiligen Lebensräumen abspeichern und an entsprechender Stelle umsetzen ▶ **Inhibition** = Reihenfolge einhalten; Buzzer (hoher Aufforderungscharakter!) nur drücken, wenn man an der Reihe ist ▶ **Kognitive Flexibilität** = je nach gehörtem Geräusch die passende Bewegungsart ausführen und den passenden Lebensraum betreten ▶ **Achtsamkeit** = vorsichtiges Bewegen beim Kriechen in die Höhle aus Zollstöcken

5.5.2 Zauberspiegel

Altersgruppe: 4–7 Jahre
(Spiel-)Dauer: ca. 10 Minuten, nach Belieben
Setting: Kleingruppe von 3–8 Kindern

Material:
- Spiegelplatte

Vorbereitung:
- Spiegelplatte in der Mitte des Raumes auf den Boden legen
- Sitzkreis um die Spiegelplatte bilden

Durchführung:
Gemeinsam mit den Kindern wird zunächst die Funktion der Spiegelplatte besprochen: Wenn man in den Spiegel hineinschaut und dabei einen Zauberspruch ausspricht, werden alle anderen Kinder in das benannte Tier verwandelt. Vor Spielbeginn sollten daraufhin Zaubersprüche mit den Kindern zusammengetragen werden.

Anschließend beginnt ein Kind in den Spiegel zu schauen und „verzaubert" (ggf. mit Begleitung) alle Kinder mit einem Zauberspruch in ein Tier. Nach der Verwandlung bewegen sich die Kinder in der Bewegungsart und mit den Geräuschen des entsprechenden Tieres durch den Raum. Auf ein Zeichen der Spielleitung kommen alle wieder zurück zur Spiegelplatte und das nächste Kind ist an der Reihe.

Variation:
Variationen ergeben sich durch die Auswahl an Zaubersprüchen und Tierarten, die z. B. auch in Dschungel-, Wald- oder Bauernhoftiere kategorisiert werden können.

Impulse und Handlungsweisen der Psychomotorik:

- Selbstbewusstsein
- Ich-Kompetenz
- Selbstwirksamkeit
- Körpererfahrung
- Beziehungsarbeit (Begleitung des Handelns)
- Entwicklungsorientierung
- Selbstbestimmtes Handeln
- Fantasie
- Kreativität

Förderaspekte

- **Aufmerksamkeit** = aufmerksam das Spielgeschehen verfolgen
- **Phonologische Schleife** = Zaubersprüche merken und wiedergeben; abspeichern, welche Tiere bereits genannt wurden
- **Inhibition** = Reihenfolge einhalten; ruhig Abwarten, während ein anderes Kind an der Reihe ist
- **Kognitive Flexibilität** = sich immer wieder auf ein neues Tier einstellen; Tiere aus einer Kategorie abrufen (Variation)

5.5.3 Platztausch

Altersgruppe: 5–8 Jahre
(Spiel-)Dauer: ca. 10 Minuten, nach Belieben
Setting: Gruppe ab 6 Kindern

Material:

- ausreichend Reifen in verschiedenen Farben

Vorbereitung:

- Reifen kreisförmig auf den Boden legen, sodass für jedes Kind ein Reifen zur Verfügung steht

Durchführung:
Jedes Kind sucht sich einen Reifen und stellt sich hinein. Die Spielleitung nennt nun eine Farbe. Alle Kinder, die in einem Reifen der genannten Farbe stehen, laufen los und suchen sich einen neuen Platz. Bei geringerer Teilnehmerzahl können auch zwei Farben genannt werden.

Variationen:

a) Die Spielleitung zeigt jeweils auf zwei Kinder, die daraufhin so schnell wie möglich miteinander den Platz tauschen sollen.

b) Die Kinder halten zusätzlich einen Schwamm in der Hand (verschiedene Formen oder Farben möglich). Die Spielleitung nennt eine Schwammfarbe oder -form und die entsprechenden Kinder sollen die Plätze tauschen.

Impulse und Handlungsweisen der Psychomotorik:

- Körpererfahrung
- Wahrnehmung (auditiv/visuell)
- Selbstbewusstsein
- Reaktionsvermögen
- Entwicklungsorientierung
- Sozialkompetenz

Förderaspekte

- **Aufmerksamkeit** = aufmerksames Verfolgen des Spielgeschehens; aufmerksames Zuhören bzw. Beobachten der Spielleitung (Variation)
- **Räumliche Wahrnehmung** = den Überblick über die Reifen behalten, um schnell einen freien Platz zu finden
- **Inhibition** = Regulation von Verhalten; nicht bewegen, solange man nicht durch das Benennen der eigenen Reifenfarbe oder einem Fingerzeig dazu aufgefordert wurde
- **Kognitive Flexibilität** = sich immer wieder einen neuen freien Platz suchen; Wechsel zwischen Beachtung der Reifenfarbe oder der Schwammfarbe/-form (Variation b)

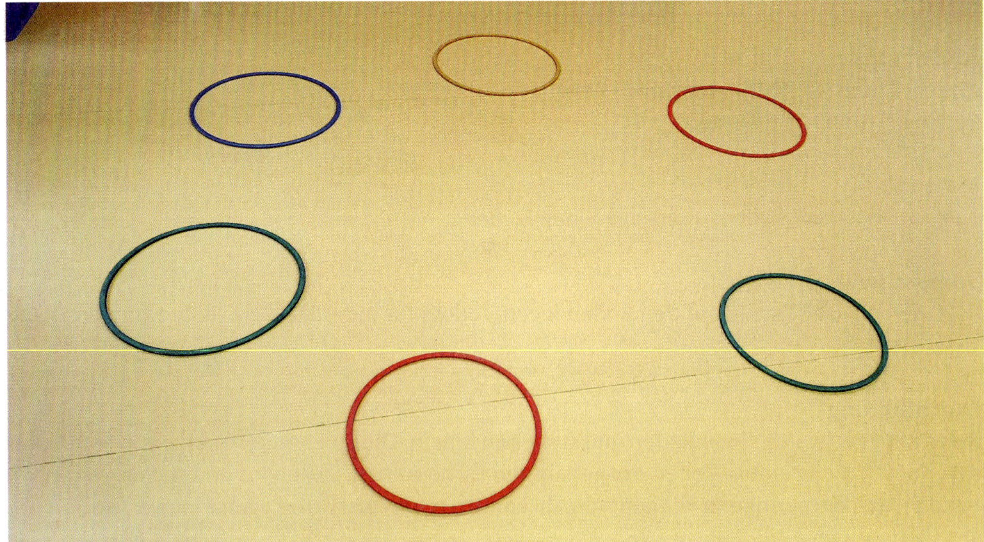

5.5.4 Zerbrechliche Ladung

Altersgruppe: 5–9 Jahre
(Spiel-)Dauer: ca. 15 Minuten
Setting: Kleingruppe mit bis zu 8 Kindern

Material:

- Klein- und Großmaterialien zum Aufbau eines Bewegungsparcours (z. B. Turnbänke, Kästen, Matten, Pylonen, Sprossenwand)
- Löffel
- Eier (z. B. aus Kunststoff oder als Flummis)
- Drainage-Rohr, Seil
- Kunstfell
- gelber Ring, gelbes Säckchen

Vorbereitung:

- den Bewegungsparcours aufbauen
- Drainage-Rohr mithilfe des Seils an der Sprossenwand befestigen
- Kunstfell und gelben Ring mit Säckchen als „Spiegelei" unter dem Drainage-Rohr platzieren
- Löffel und Eier bereitlegen

Durchführung:

Die Kinder durchlaufen nacheinander den Bewegungsparcours und transportieren dabei das ausgewählte Ei auf einem Löffel mit einer Hand, ohne dieses festzuhalten. Am Ende des Parcours schütten sie das Ei in das Drainage-Rohr, sodass es unten herausfällt und als „Spiegelei" auf dem Kunstfell landet.

Variationen:

a) Die Kinder verändern ihre Bewegungsart und durchlaufen den Parcours z. B. rückwärts. Dabei wird weiterhin das Ei auf dem Löffel transportiert.

b) Die Kinder klemmen das Ei mithilfe eines Körperteils eng an ihrem Körper fest und transportieren es so über den Parcours, ohne, dass es herunterfällt (z. B. unter dem Arm, unter dem Kinn, zwischen den Beinen).

Impulse und Handlungsweisen der Psychomotorik:

- Körpererfahrung (Koordination)
- Materialerfahrung
- Wahrnehmung (taktil-kinästhetisch, vestibulär, propriozeptiv, Körperschema)
- Selbstbewusstsein
- Entwicklungsorientierung
- Entscheidungsfreiheit (Wahl der Bewegungsart)
- Sozialkompetenz (Rücksichtnahme)

Förderaspekte

- **Aufmerksamkeit** = Selektion (sich auf den eigenen Ei-Transport und den Parcours fokussieren)
- **Räumliche Wahrnehmung** = Abstände zwischen den Hindernissen des Bewegungsparcours wahrnehmen, um sich sicher darauf bewegen zu können
- **Inhibition** = Tonus-Regulation (z. B. den Arm fest angelegt lassen, um das Ei über den Parcours transportieren zu können (Variation b)
- **Achtsamkeit** = bewusste Bewegungssteuerung; vorsichtiges Bewegen auf dem Parcours und beim Transportieren des Eies am Körper (Variation b)

5.5.5 Signale im Straßenverkehr

Altersgruppe: 5–9 Jahre
(Spiel-)Dauer: ca. 10 Minuten
Setting: Gruppe mit 4–10 Kindern

Material:

- Rollbretter (entsprechend der Teilnehmerzahl)
- 4 Fahnen in verschiedenen Farben (z. B. blau, grün, rot, gelb)
- Rassel-Ei
- weitere Musikinstrumente (z. B. Triangel, Trommel) oder psychomotorische Materialien, die Geräusche erzeugen können (z. B. Heulrohr)

Vorbereitung:

- Rollbretter bereitlegen
- Fahnen und Rassel-Ei am Rand platzieren
- ggf. im Vorfeld grundlegende Rollbrettregeln mit den Kindern erarbeiten/besprechen

Durchführung:
Jede Fahne steht im Spiel für eine bestimmte Bewegungsart auf/mit dem Rollbrett (z. B. im Kreis drehen, rückwärtsfahren, stillstehen, auf dem Bauch liegend fahren). Diese werden zunächst gemeinsam mit den Kindern erarbeitet und festgelegt. Anschließend bewegen sich die Kinder auf ihrem Rollbrett durch den Raum. Bei Ertönen eines Geräusches durch das Rassel-Ei, halten alle inne und achten auf die von der Spielleitung hochgehaltene Fahne. Entsprechend der gezeigten Farbe führen sie mit dem Rollbrett die festgelegte Bewegungsart aus. Danach setzen sie sich wieder in selbstgewählte/freie Bewegung. Wichtig: Beim freien Fahren dürfen die Kinder nicht auf dem Rollbrett stehen und keine absichtlichen Unfälle bauen!

Variation:
Anstelle von Fahnen werden verschiedene Töne durch unterschiedliche Musikinstrumente oder anderen Materialien erzeugt. Zu jedem Ton wird vorab eine Bewegung auf/mit dem Rollbrett festgelegt.

Impulse und Handlungsweisen der Psychomotorik:

- Körpererfahrung
- Wahrnehmung (vestibulär, Körperschema)
- Sozialkompetenz (Rücksichtnahme)
- Materialerfahrung
- Kreativität
- Ressourcenorientierung
- Entscheidungsfreiheit

Förderaspekte

- **Phonologische Schleife & visuell-räumlicher Notizblock** = besprochene Bewegungsarten merken, mit der Farbe der Fahne assoziieren und entsprechend der hochgehaltenen farbigen Fahne umsetzen; Bewegungsarten mit dem Klang eines Instrumentes assoziieren und entsprechend umsetzen (Variation)
- **Räumliche Wahrnehmung** = eigenen Platz und die Raumgröße zum Fahren wahrnehmen
- **Inhibition** = Einhaltung der besprochenen Rollbrettregeln; Regulation von Verhalten, um Unfälle zu vermeiden; Rücksichtnahme beim freien durcheinander fahren im Raum
- **Kognitive Flexibilität** = eigene Bewegungsart immer wieder entsprechend der hochgehaltenen Fahne/des genutzten Instrumentes/Materials anpassen
- **Achtsamkeit** = trotz lauter Nebengeräusche durch die fahrenden Rollbretter, dem Klang des Instrumentes/Materials lauschen können; unterschiedliche Klänge der verschiedenen Instrumente/Materialien differenzieren (Variation)

5.5.6 Bewegtes Kommando

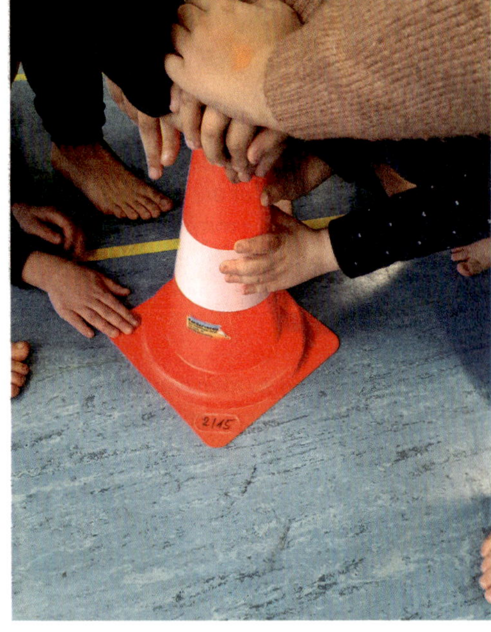

Altersgruppe: 5–9 Jahre
(Spiel-)Dauer: ca. 10 Minuten, nach Belieben
Setting: Gruppe ab 4 Kindern

Material:

- Rassel-Ei oder Trommel
- verschiedene Materialien als „Ziele" (z. B. Reifen, Ball, Pylone, Frisbee)

Vorbereitung:

- Materialien („Ziele") gleichmäßig im Raum verteilen
- Rassel-Ei/Trommel am Rand für die Spielleitung bereitlegen

Durchführung:
Die Kinder bewegen sich in frei gewählter Bewegung durch den gesamten Raum. Sobald die Spielleitung das Rassel-Ei schüttelt oder trommelt, hören die Kinder auf das Kommando der Spielleitung. Sagt die Spielleitung beispielsweise „Kommando Reifen", laufen alle Kinder so schnell wie möglich zu dem Reifen und berühren diesen mit einer Hand. Wird ein Ziel allerdings ohne das Wort „Kommando" vorweg benannt, also z. B. nur „Reifen", dürfen die Kinder nicht dorthin laufen und bewegen sich stattdessen weiter in ihrer frei gewählten Bewegungsart.

Variationen:

a) Die Kinder sollen sich in einer bestimmten Bewegungsart zum jeweiligen Ziel bewegen. Diese kann vorab festgelegt oder jedes Mal individuell benannt werden („Kommando Reifen – Hüpfen“).

b) Wenn das Wort „Kommando“ in der Zielbenennung fehlt, sollen die Kinder nicht nur nicht zum Ziel laufen, sondern stattdessen eine bestimmte Bewegung ausführen (z. B. hinsetzen).

Impulse und Handlungsweisen der Psychomotorik:

- Körpererfahrung
- Sozialkompetenz
- Entwicklungsorientierung

Förderaspekte

- **Aufmerksamkeit** = aufmerksames Zuhören
- **Räumliche Wahrnehmung** = Überblick über die Aufenthaltsorte der Zielgegenstände im Raum gewinnen/behalten
- **Inhibition** = Bewegungshandlung regulieren, wenn das Wort „Kommando“ nicht genutzt wurde; am Ziel rechtzeitig abbremsen; nur eine Hand auf den Gegenstand legen, um allen Kindern die Möglichkeit zu bieten, so eng aneinander das Ziel mit der Hand zu berühren
- **Kognitive Flexibilität** = entsprechend des gehörten Kommandos reagieren und sein Verhalten immer wieder neu darauf anpassen (besonders bei den Variationen)

5.5.7 Flitzende Kiste

Altersgruppe: 5–10 Jahre
(Spiel-)Dauer: nach Belieben und Gruppengröße
Setting: Gruppe von 4–10 Kindern, Raumgröße von mind. 80 qm erforderlich

Material:

- leere Bananenkiste
- langes Seil (mind. 3 Meter)
- Bälle in unterschiedlichen Größen (Anzahl variiert je nach Teilnehmerzahl)

Vorbereitung:

- ein Ende des Seils an die Bananenkiste knoten
- Bälle bereitlegen

Durchführung:
Ein Kind beginnt und bekommt die Bananenkiste mit dem Seil um die Hüfte gebunden. Die anderen Kinder dürfen sich jeweils einen Ball nehmen. Das Kind mit der Bananenkiste darf zuerst loslaufen und erst einmal ins Rennen kommen. Dabei sollte es den gesamten Raum ausnutzen. Auf ein Zeichen der Spielleitung dürfen auch die anderen Kinder loslaufen und versuchen, ihren Ball während des Laufes in die Kiste zu werfen. Die Runde ist beendet, wenn alle Bälle in der Kiste gelandet sind. Anschließend ist das nächste Kind an der Reihe, die Bananenkiste zu ziehen und die Bälle werden erneut verteilt.

Variation:
Variationen ergeben sich durch verschiedene Eigenschaften und Größen der ausgewählten Bälle.

Impulse und Handlungsweisen der Psychomotorik:

- Körpererfahrung
- Entscheidungsfreiheit (Auswahl des Balles)
- Selbstbewusstsein
- Materialerfahrung
- Kraftdosierung
- Handlungsplanung
- Raumorientierung

Förderaspekte	
	▶ **Planung** = taktische Überlegungen, wie ein Treffer in die Kiste gelingen kann (z. B. Bewegungsgeschwindigkeit dem rennenden Kind anpassen, dem ziehenden Kind entgegenrennen oder stehenbleiben und abwarten, bis das Kind an mir vorbeirennt) ▶ **Räumliche Wahrnehmung** = sich mit der Verlängerung der ziehenden Kiste in Randnähe des Raumes bewegen, um die Kiste in Bewegung zu halten ▶ **Achtsamkeit** = bewusste Bewegungssteuerung (dem ziehenden Kind nicht den Weg abschneiden, andere Kinder nicht umrennen); Bewegungsgeschwindigkeit des laufenden Kindes mit der Bananenkiste wahrnehmen und die eigene Bewegung daran anpassen

5.5.8 Trennen und Verbinden

Altersgruppe: 6–11 Jahre
(Spiel-)Dauer: ca. 10 Minuten, nach Belieben
Setting: Gruppe ab 8 Kindern

Material:

- Poolnudeln
- scharfes Messer
- kleine Holzstäbe

Vorbereitung:

- handelsübliche Poolnudeln in drei gleichgroße Stücke zerteilen
- zerteilte Poolnudeln in der Mitte des Raumes bereitlegen

Durchführung:
Ein Kind erhält eine Poolnudel und ist der Fänger. Alle anderen Kinder bewegen sich frei im Raum. Das fangende Kind versucht mit seiner Poolnudel ein anderes Kind zu berühren. Ist dies gelungen, fasst dieses das andere Ende der Poolnudel an und beide Fänger bekommen in ihre äußere Hand eine weitere Poolnudel zum Fangen. Die beiden Kinder müssen nun gemeinsam laufen und dürfen die mittlere Poolnudel dabei nicht loslassen. Hat eins der beiden ein weiteres Kind gefangen, hält dieses nun ebenfalls die Poolnudel fest und erhält eine weitere zum Fangen in die äußere Hand. Die Kinder bewegen sich nun zu dritt weiter. Sobald sich vier Kinder zusammengefunden haben, erfolgt eine Trennung in der Mitte, sodass sich jeweils 2 Kinder zusammen weiterbewegen.

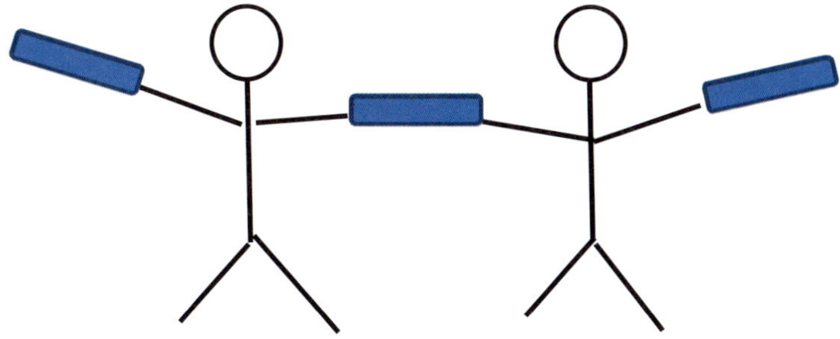

Variation:
Anstelle der Poolnudeln werden als Verbindungen kleine Holzstäbe verwendet.

Impulse und Handlungsweisen der Psychomotorik:

- Materialerfahrung
- Körpererfahrung
- Sozialkompetenz (Absprachen, Kooperation)
- Entscheidungsfreiheit (Wen möchte ich fangen?)

Förderaspekte	
	▶ **Aufmerksamkeit** = darauf achten, wann vier Kinder zusammen sind, sodass eine Trennung erfolgen muss; sich eigenständig eine Poolnudel von der Mitte holen ▶ **Inhibition** = eigenes Bewegungsverhalten regulieren, um sich gemeinsam fortzubewegen; Poolnudelverbindungen im 2-er/3-er Team nicht loslassen ▶ **Kognitive Flexibilität** = immer wieder auf eine neue Anzahl an zusammenhängenden Kindern einstellen und sich ggf. trennen, wenn die entsprechende Anzahl erreicht wurde ▶ **Achtsamkeit** = die Bewegungen der anderen Kinder wahrnehmen und eigene Bewegungen darauf anpassen, sodass ein gemeinsames Laufen und Fangen möglich werden, ohne die Verbindungsstücke (Poolnudeln/Holzstäbe) zu verlieren

5.5.9 Gut gepolstert

Altersgruppe: 6–11 Jahre
(Spiel-)Dauer: nach Belieben
Setting: Einzelsituation oder Kleinstgruppe mit bis zu 4 Kindern

Material:

- Rollbrett(er)
- Rohr-Isolierungen aus dem Baumarkt
- Seile, Bänder zur Befestigung der Isolierungen
- große Luftballons (ø ≥ 40 cm) oder andere leichte Bälle, ggf. kurzer Federball-Schläger

Vorbereitung:

- Rollbretter und ausgewählte Ballspiele bereitlegen
- Rohr-Isolierungen vorsichtig auftrennen und auf die passenden Längen für das Rollbrett zuschneiden
- Rohr-Isolierungen an allen Seiten des Rollbrettes befestigen

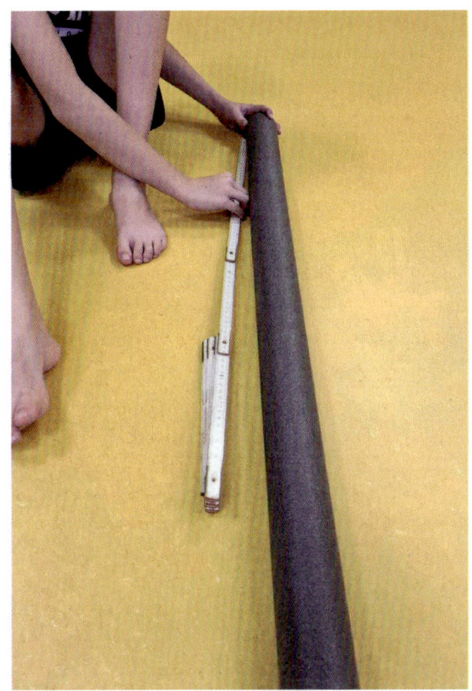

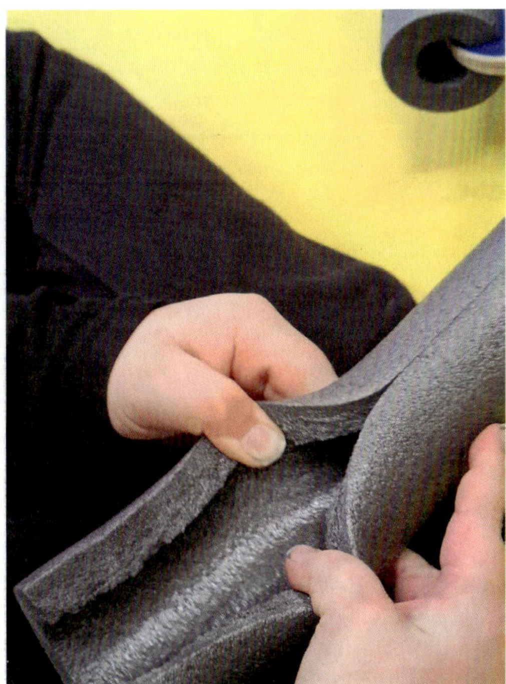

Durchführung:

Vor Beginn werden die Rollbretter mit den Isolierungen präpariert. Die Kinder versuchen mit der Knotentechnik ihr Fahrzeug selbstständig (ggf. mit Hilfestellung) abzupolstern. Im Anschluss werden zusammen Regeln festgelegt. Die Kinder bewegen sich sitzend/kniend auf ihrem Rollbrett durch den Raum. Für das gemeinsame Spiel kann z. B. ein großer Luftballon verwendet werden, der gemeinschaftlich in der Luft gehalten werden muss. Durch die Polsterung der Rollbretter ist jetzt ein weniger kontrolliertes Bewegen möglich. Mögliche Zusammenstöße während des Ballspiels können durch die Polsterung toleriert werden.

Variation:

Variationen ergeben sich durch die Auswahl des Ballspiels (z. B. kurzer Federballschläger mit kleinem Luftballon oder ein großer Gymnastikball (ø ≥ 40 cm)).

Impulse und Handlungsweisen der Psychomotorik:

- Selbstwirksamkeit
- Körpererfahrung
- Wahrnehmung (vestibulär, Körperschema)
- Frustrationstoleranz
- Sozialkompetenz (Rücksichtnahme)
- Ressourcenorientierung
- Entscheidungsfreiheit

Förderaspekte

- ▶ **Aufmerksamkeit** = Spielgeschehen aufmerksam verfolgen
- ▶ **Räumliche Wahrnehmung** = Nähe und Distanz erleben; die Raumgröße zum Fahren wahrnehmen
- ▶ **Inhibition** = Einhaltung der ausgewählten Regeln; anderen Kindern die Möglichkeit einräumen auch den Ball zu spielen; Rücksichtnahme beim freien durcheinander fahren im Raum
- ▶ **Achtsamkeit** = andere Kinder im Spiel wahrnehmen und berücksichtigen; Bewegungsgeschwindigkeit anderer Kinder wahrnehmen und die eigene Bewegung daran anpassen

5.6 Praxisanregungen mit Wahrnehmungsleistungen (Kraftdosierung & Bewegungssteuerung)

5.6.1 Schneesturm

Altersgruppe: 4–6 Jahre
(Spiel-)Dauer: ca. 15 Minuten
Setting: Kleingruppe von 3–6 Kindern

Material:

- Taschentücher-Boxen
- bunte Klebefolie
- weiße Styroporschnipsel (z. B. Verpackungsfüllmaterial)
- Seile
- Kunststoff-Garnrolle
- Kleiner Ball (z. B. Bällebad-Ball oder Tennisball)
- Stoff-Schneebälle, alternativ: Zeitungspapier

Vorbereitung:

- eine Eisbahn aus 2 oder 4 Seilen legen
- Styroporschnipsel auf der Bahn verteilen
- Für die Schlittschuhe: Taschentücher-Boxen mit bunter Klebefolie von allen Seiten bekleben, Öffnung so vergrößern, dass ein Fuß hineinpasst
- Garnrolle und Ball am Start bereitlegen
- Schneebälle außerhalb der Bahn platzieren oder Zeitungspapier ausgebreitet an die Seite legen

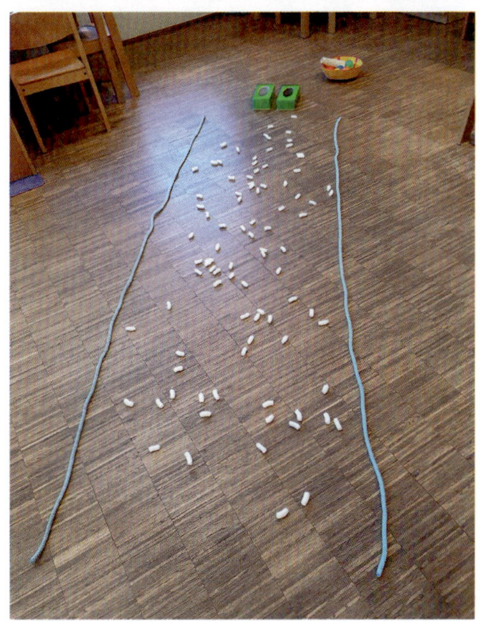

Durchführung:

Falls keine Stoff-Schneebälle vorhanden sind, zerknüllen die Kinder zunächst das Zeitungspapier zu festen Bällen, die anschließend als Schneebälle verwendet werden. Ein Kind darf beginnen und begibt sich an den Start der Bahn. Alle anderen Kinder verteilen sich außerhalb der Bahn entlang der Seilbegrenzungen und halten die Schneebälle bereit. Das erste Kind darf nun jeweils einen Fuß in die Taschentücher-Boxen stellen. Sobald es die „Schlittschuhe“ anhat, darf es sich auf den Weg durch die Eisbahn machen. Hierzu sollen die Füße nicht angehoben werden, sondern in den „Schlittschuhen“ über den Boden gleiten. Während das Kind die Eisbahn entlanggleitet, dürfen die anderen Kinder es von außerhalb der Seilbegrenzungen mit den vorbereiteten Schneebällen abwerfen. Sobald das Kind das Ende der Bahn erreicht hat, ist ein anderes Kind an der Reihe.

Variation:

Das Kind kann während des „Schlittschuhlaufens“ noch ein Eis in der Hand transportieren. Dazu wird der kleine Ball auf die Öffnung der Garnrolle gelegt und das Kind hält diese aufrecht in der Hand.

Impulse und Handlungsweisen der Psychomotorik:

- Körpererfahrung
- Wahrnehmung (taktil-kinästhetisch, Propriozeption, Objektgleichgewicht)
- Materialerfahrung
- Selbstbewusstsein
- Sozialkompetenz (Distanz beachten)

Förderaspekte	
	▶ **Aufmerksamkeit** = Selektion (Störfaktoren durch die heranfliegenden Schneebälle ausblenden und fokussiert die Bahn entlang gleiten) ▶ **Inhibition** = Regulation von Verhalten; Bahnbegrenzungen beim Abwerfen und beim „Schlittschuhlaufen" nicht übertreten oder beschädigen ▶ **Achtsamkeit** = bewusste Bewegungssteuerung; vorsichtiges Gleiten in den „Schlittschuhen", um die Taschentücher-Boxen nicht zu beschädigen; das „Eis" aufrechthalten, damit der Ball nicht herunterfällt (Variation)

5.6.2 Bewegungsquadrat

Altersgruppe: 5–8 Jahre
(Spiel-)Dauer: ca. 10 Minuten
Setting: Kleingruppe mit 2–6 Kindern

Material:
- Seile oder Kreppband
- ggf. Bildkarten

Vorbereitung:
- mithilfe der Seile ein Quadrat im Raum auslegen oder dieses mit Kreppband auf dem Boden markieren

Durchführung:
Alle Kinder stehen in der Mitte des markierten Quadrates. Gemeinsam mit den Kindern werden vier Begriffe ausgewählt (z. B. Tiere). Jedem Begriff wird eine Bewegungsrichtung zugeordnet (z. B. Bär = vorwärts, Reh = rechts). Die Spielleitung nennt die Begriffe in beliebiger Reihenfolge und die Kinder bewegen sich bei jedem genannten Begriff einen Schritt in die entsprechende Richtung. Dabei versuchen sie immer innerhalb des markierten Quadrates zu bleiben und ihre Schrittgröße anzupassen, damit dies gelingt.

Variationen:
a) Die Kinder haben während des Spiels die Augen geschlossen.
b) Zusätzlich zur Benennung des Begriffs wird eine entsprechende Bildkarte hochgehalten.
c) Die Begriffe und ihre zugeordneten Bewegungsrichtungen werden in der zweiten Spielrunde miteinander vertauscht.

Impulse und Handlungsweisen der Psychomotorik:
- Körperorientierung/Körperschema
- Wahrnehmung (Propriozeption, Bewegungsrichtung)
- Entscheidungsfreiheit (Bestimmung der Begriffe und Zuordnung der Bewegungsrichtungen)
- Sozialkompetenz (Rücksichtnahme)
- Entwicklungsorientierung

Förderaspekte	▶ **Aufmerksamkeit** = aufmerksames Zuhören ▶ **Phonologische Schleife** = besprochene Zuordnung der Bewegungsrichtungen zu den ausgewählten Begriffen abspeichern und entsprechend umsetzen ▶ **Visuell-räumlicher Notizblock** = gezeigte Bildkarte mit der zugeordneten Bewegungsrichtung verknüpfen (Variation b) ▶ **Räumliche Wahrnehmung** = Größe des Quadrats und Abstände zu den Randmarkierungen einschätzen können, um die eigenen Bewegungen daran anzupassen und die Markierungen nicht zu übertreten (Räumliche Beziehung) ▶ **Inhibition** = Augen geschlossen halten (Variation a) ▶ **Kognitive Flexibilität** = sich immer wieder auf neue Begriffe/Zuordnungen der Bewegungsrichtungen zu den einzelnen Begriffen einstellen (Variation c) ▶ **Achtsamkeit** = Rücksichtnahme auf die anderen Kinder beim Bewegen auf engem Raum; vorsichtige Bewegungen mit geschlossenen Augen, um Kollisionen zu vermeiden (Variation a)

5.6.3 Rohe Eier

Altersgruppe: 5–9 Jahre
(Spiel-)Dauer: ca. 10 Minuten
Setting: Einzelsituation oder Kleingruppe bis zu 5 Kindern

Material:

- verschiedenartige Bälle (z. B. weiße und bunte)
- Material zum Bau einer Mauer (z. B. Fallschutzmatte, Bausteine)
- Auffangbehälter (z. B. Schüsseln, Eimer)
- große Kiste

Vorbereitung:

- Bälle in der Kiste verstecken

Durchführung:
Die Spielleitung (oder ein älteres Kind) steht an der Kiste mit Bällen. Die anderen Kinder platzieren sich mit ca. zwei Metern Abstand gegenüber in Blickrichtung der Spielleitung. Gemeinsam mit den Kindern wird besprochen, welche Art von Bällen „rohe Eier" sind, die in jedem Fall aufgefangen werden müssen (z. B. alle bunten Bälle). Die anderen Bälle dürfen jedoch nicht ge-

fangen werden (z. B. alle weißen Bälle). Die Bälle werden nun nacheinander den Kindern zugeworfen. Diese versuchen die „rohen Eier“ zu fangen und die anderen Bälle fallen zu lassen.

Variationen:

a) Die Kinder erhalten einen Behälter zum Auffangen der Bälle (z. B. eine Schüssel oder einen Eimer).
b) Es werden mehrere Bälle gleichzeitig geworfen.
c) Zusätzlich kann zwischen der Ballkiste und den Kindern eine Mauer aus Bausteinen als Sichtschutz errichtet werden, sodass die Kinder die heranfliegenden Bälle erst sehr spät sehen können.

Impulse und Handlungsweisen der Psychomotorik:

- Materialerfahrung
- Wahrnehmung (visuell)
- Körpererfahrung (fangen)
- Sozialkompetenz (Absprachen, Rücksichtnahme)
- Entscheidungsfreiheit („rohe Eier“ bestimmen)
- Reaktionsvermögen

Förderaspekte

- ▶ **Aufmerksamkeit** = fokussieren auf das Spielgeschehen, um auf die heranfliegenden Bälle schnell reagieren zu können
- ▶ **Räumliche Wahrnehmung** = Abstände zur werfenden Person einhalten (Räumliche Beziehung)
- ▶ **Inhibition** = Bewegungsverhalten regulieren, um nur die „rohen Eier“ zu fangen und den anderen Bällen auszuweichen; Begrenzungslinien (Abstand) einhalten
- ▶ **Kognitive Flexibilität** = Visuomotorik den kognitiven Entscheidungsprozessen immer wieder anpassen (welcher Ball fliegt auf mich zu?)

5.6.4 Farbiges Wellenmeer

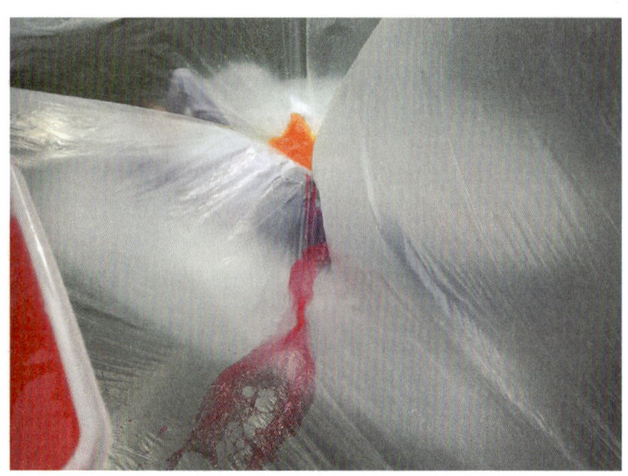

Altersgruppe: 5–9 Jahre
(Spiel-)Dauer: ca. 15 Minuten
Setting: Gruppe von 5–10 Kindern

Material:

- große Folie (z. B. Abdeckfolie)
- farbiges Wasser (Wasser mit Farben angemischt – die Auswahl von Grundfarben ermöglicht das sichtbare Entstehen von Mischfarben auf der Folie)
- leichte Bälle (z. B. Bällebad-Bälle)

Vorbereitung:

- ausreichend Platz im Raum (oder draußen!) für die Folie schaffen
- Folie groß ausbreiten
- Gefärbtes Wasser in Schalen/Töpfen bereitstellen
- Bälle bereitlegen

Durchführung:
Die Kinder stellen sich um die Folie herum auf und greifen diese mit beiden Händen. Gemeinsam heben sie die Folie hoch und bewegen die Arme auf und ab, sodass Wellen in der Folie entstehen.

Variationen:

a) Das vorbereitete farbige Wasser wird nach und nach auf die Folie geschüttet, sodass sich diese vermischen. Die Folie kann hierzu weiterhin vorsichtig auf und ab bewegt werden.
b) Ein Kind legt sich unter die Folie und kann von unten die Wasserbewegungen beobachten.
c) Ein Kind legt sich unter die Folie und wird mit der Folie und dem Wasser direkt am Körper berührt. Hierbei kann die Wassertemperatur leicht erhöht werden.
e) Bälle werden auf die Folie geworfen, sodass diese durch das Schwingen der Kinder in Bewegung gebracht werden.

Impulse und Handlungsweisen der Psychomotorik:

- Kreativität
- Materialerfahrung
- Körpererfahrung
- Wahrnehmung (taktil, taktil-kinästhetisch, visuell)
- Sozialkompetenz (Absprachen)
- Selbstwirksamkeit
- Ganzheitlichkeit

Förderaspekte	
	▶ **Aufmerksamkeit** = die Materialien auf der Folie fokussiert im Blick behalten (Variation a/c/d); Wasserbewegungen verfolgen (Variation b) ▶ **Inhibition** = Regulation von Verhalten; die Folie dauerhaft festhalten; keine unkontrollierten Bewegungen machen; Regeleinhaltung ▶ **Kognitive Flexibilität** = sich immer wieder auf die neue Situation anpassen (wo ist das Wasser, wie muss ich die Folie bewegen?) ▶ **Achtsamkeit** = bewusste Bewegungssteuerung und Kraftdosierung, um Wellen zu erzeugen, aber die Bälle oder die Farbe nicht von der Folie herunter zu befördern (Variation a/c); achtsamer Umgang mit dem Material, da die Folie schneller reißen kann, als andere Materialien

5.6.5 Lasst die Tücher fliegen!

Altersgruppe: 6–9 Jahre
(Spiel-)Dauer: ca. 10 Minuten
Setting: Gruppe ab 5 Personen

Material:

- Chiffontücher
- Stühle

Vorbereitung:

- mit den Stühlen einen Stuhlkreis bilden
- pro teilnehmendes Kind zwei Chiffontücher bereitlegen

Durchführung:

Jedes Kind nimmt auf einem Stuhl Platz und hält in jeder Hand ein Chiffontuch. Ein Kind beginnt und darf ein Chiffontuch schwingen. Je nachdem, ob es das Tuch in seiner rechten oder linken Hand geschwungen hat, ist als nächstes das Kind zur rechten oder zur linken Seite an der Reihe. Die Kinder geben so den Schwung immer an ein benachbartes Kind weiter.

Variationen:

a) Das Spiel kann auch im Stehen oder auf dem Boden sitzend gespielt werden.

b) Als zusätzliche Möglichkeit kann das Schwingen des Tuches nach vorne hinzugenommen werden. Unabhängig davon mit welcher Hand das Tuch vor dem Körper geschwungen wurde, ist das gegenübersitzende Kind als nächstes an der Reihe.

Impulse und Handlungsweisen der Psychomotorik:

- Materialerfahrung
- Körpererfahrung (Körperschema, Körperorientierung)
- Wahrnehmung (Rechts-Links-Orientierung, visuell)
- Selbstwirksamkeit
- Entscheidungsfreiheit

Förderaspekte

- **Aufmerksamkeit** = aufmerksam das Spielgeschehen verfolgen, um den eigenen Einsatz nicht zu verpassen
- **Inhibition** = Regulation von Verhalten; die Tücher nur schwingen, wenn man an der Reihe ist
- **Kognitive Flexibilität** = entsprechend der Bewegungen der anderen Kinder reagieren

5.6.6 Hauchdünn

Altersgruppe: 6–9 Jahre
(Spiel-)Dauer: ca. 10 Minuten
Setting: Gruppe von 6–10 Kindern

Material:

- Toilettenpapier

Vorbereitung:

- lange Streifen Toilettenpapier abtrennen
- Streifen so auf den Boden legen, dass sie sich kreuzen und an verschiedenen Seiten enden

Durchführung:

Die Kinder suchen sich jeweils einen Platz im Raum aus und greifen ein oder mehrere Enden der Toilettenpapierstreifen. Diese heben sie vorsichtig an und halten sie fest. Ein Kind darf beginnen und seine Streifen an die Nachbarn verteilen, sodass diese weiterhin hochgehalten werden. Anschließend darf es sich vorsichtig durch das Netz aus Toilettenpapier bewegen, ohne dieses dabei zu berühren. Nach einer Weile kehrt das Kind zurück auf seinen Platz, nimmt seine Streifen wieder selbst in die Hand und ein anderes Kind ist an der Reihe.

Variationen:

a) Die Toilettenpapierstreifen werden so hochgehalten, dass das Kind sich krabbelnd unter dem hauchdünnen Netz aus Toilettenpapierstreifen bewegen kann.

b) Die Toilettenpapierstreifen werden in unterschiedlichen Höhen gehalten und ggf. zwischendurch auch verändert.

c) Hohe Wellen: Das Kind klettert durch das hauchdünne Netz. Auf ein Signal hin bewegen die anderen Kinder das Netz nach oben und unten. Während dieser Wellenbewegungen verharrt das Kind in seinen Bewegungen und kann erst wieder weiter, wenn das Netz zur Ruhe gekommen ist.

e) Die Toilettenpapierstreifen werden auf dem Boden liegen gelassen und die Kinder laufen hindurch, ohne diese zu berühren.

Impulse und Handlungsweisen der Psychomotorik:

- Körpererfahrung (Kraftdosierung, Bewegungssteuerung)
- Wahrnehmung (taktil, taktil-kinästhetisch)
- Sozialkompetenz (Rücksichtnahme, Kommunikation)
- Materialerfahrung
- Selbstbewusstsein
- Entscheidungsfreiheit (Wege durch das Netz frei wählbar)

Förderaspekte

- **Visuell-räumlicher Notizblock** = sich seinen Platz merken und nach dem Rundgang durch das Netz dorthin zurückkehren
- **Räumliche Wahrnehmung** = sich einen Weg durch das Netz suchen
- **Inhibition** = (Bewegungs-)Verhalten regulieren; ruhiges Stehenbleiben am Rand, um das Toilettenpapier nicht zu zerreißen; Innehalten der Bewegungen (Variation c)
- **Achtsamkeit** = bewusste Bewegungssteuerung; vorsichtiges Gehen/Krabbeln im Netz, um das Toilettenpapier nicht zu zerreißen; Netz mit angepasster Kraftdosierung festhalten und in leichte Bewegungen bringen

5.6.7 Richtungschaos

Altersgruppe: 6–10 Jahre
(Spiel-)Dauer: ca. 10 Minuten
Setting: Kleingruppe von 2–8 Kindern

Material:

- Pfeil (aus Pappe oder Gummi)

Vorbereitung:

- Pfeil bereitlegen oder zunächst aufmalen und ausschneiden

Durchführung:
Die Spielleitung steht vor den Kindern und hält den Pfeil in der Hand. Mit diesem gibt sie eine Richtung vor, in dem der Pfeil hochgehalten und in eine Richtung ausgerichtet wird. Dazu wird das entsprechende Richtungswort benannt (oben, unten, links, rechts). Alle Kinder strecken daraufhin ihre Arme in die angezeigte und benannte Richtung aus. Dabei benennen sie ebenfalls das Richtungswort. Die Position des Pfeils wird von der Spielleitung in variabler Geschwindigkeit immer wieder gewechselt und die Kinder müssen entsprechend reagieren, ihre Arme in die gleiche Richtung strecken und das Richtungswort dazu ausrufen.

Variationen:

- **a)** Die Spielleitung zeigt mit dem Pfeil in eine Richtung und benennt diese. Die Kinder verhalten sich genau gegenteilig. Sie strecken ihre Arme demnach in die entgegengesetzte Richtung (links-rechts, oben-unten) und benennen diese dazu.
- **b)** Die Spielleitung zeigt mit dem Pfeil in eine Richtung und benennt diese. Die Kinder zeigen mit ihren Armen in dieselbe Richtung, rufen jedoch das gegenteilige Richtungswort aus.
- **c)** Die Spielleitung zeigt mit dem Pfeil in eine Richtung und benennt diese. Die Kinder rufen das vorgemachte Richtungswort aus, aber strecken ihre Arme in die entgegengesetzte Richtung.
- **d)** Die Kinder bewegen nicht nur die Arme in die angezeigte Richtung, sondern laufen in diese und rufen dabei das Richtungswort aus.

Impulse und Handlungsweisen der Psychomotorik:

- Körpererfahrung
- Ich-Kompetenz
- Wahrnehmung (Richtungswahrnehmung; Rechts-Links-Orientierung; Präpositionen)

Förderaspekte

- **Aufmerksamkeit** = fokussiertes Beobachten und Zuhören, um entsprechend reagieren zu können
- **Kognitive Flexibilität** = eigene Bewegungen immer wieder auf die vorgemachten Bewegungen anpassen; entgegengesetzte Bewegungen zu den vorgemachten ausführen (Variation a/c); das gegenteilige Richtungswort ausrufen (Variation b/c)
- **Achtsamkeit** = bewusste und kontrollierte Bewegungssteuerung

5.6.8 Stacheldrahtzaun

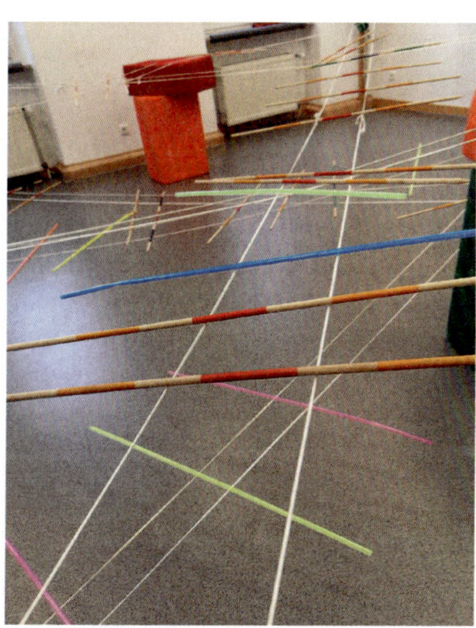

Altersgruppe: 7–10 Jahre
(Spiel-)Dauer: ca. 20 Minuten, nach Belieben
Setting: Kleingruppe von 2–6 Kindern

Material:

- lange Schnüre/Seile, kurze Bänder
- kleine Bausteine aus Holz oder Moosgummi (für den Abstand zwischen den Schnüren/Seile)
- Bausteine (für die Stabilität bei großräumigem Aufbau)
- lange Holzstäbe (z. B. von einem großen Mikado-Spiel) oder lange Plastik-Strohhalme
- Buchstaben

Vorbereitung:

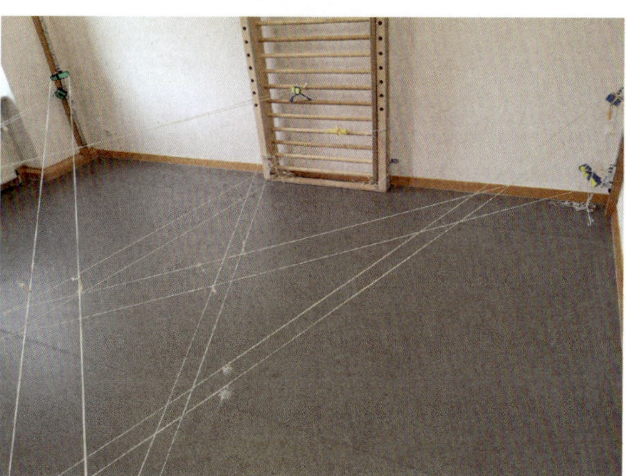

- Schnüre kreuz und quer durch den Raum spannen, sodass immer zwei Schnüre parallel nebeneinander verlaufen (an den Enden den Abstand der Schnüre mit kleinen Bausteinen fixieren und Bändern befestigen)
- die Schnüre können in unterschiedlicher Höhe befestigt werden
- an einigen Stellen zusätzlich Bausteine zur Stabilisierung unter den Schnüren platzieren
- Holzstäbe/Strohhalme bereitlegen

Durchführung:
Die Kinder versuchen die Holzstäbe/Strohhalme auf den parallel verlaufenden Schnüren abzulegen, ohne dass diese wieder herunterfallen. Anschließend bewegen sie sich vorsichtig zwischen dem dadurch entstandenen „Stacheldrahtzaun“ hindurch.

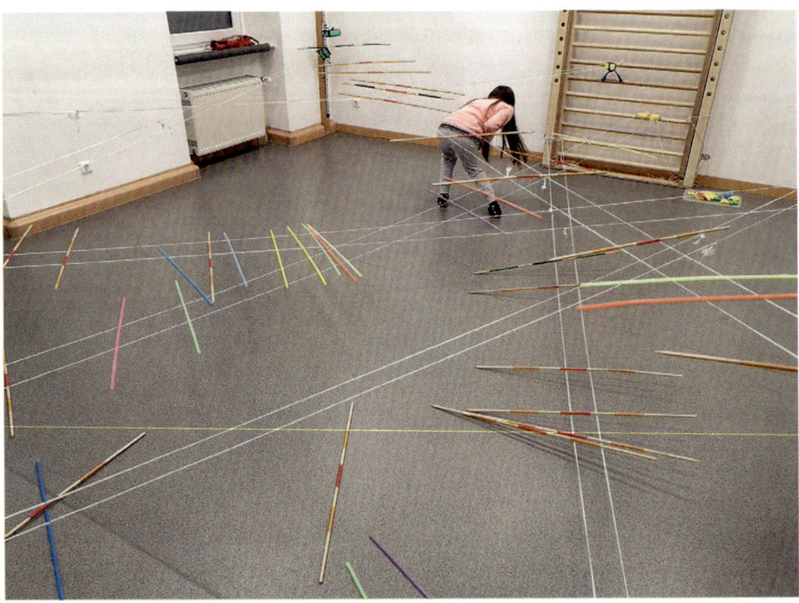

Variationen:

a) Die Kinder versuchen so viele Holzstäbe/Strohhalme wie möglich an einer Stelle auf die Schnüre zu legen.

b) Es werden Buchstaben im Raum verteilt, die die Kinder auf ihrem Weg durch den „Stacheldrahtzaun" einsammeln. Am Ende wird daraus gemeinsam ein Wort gebildet.

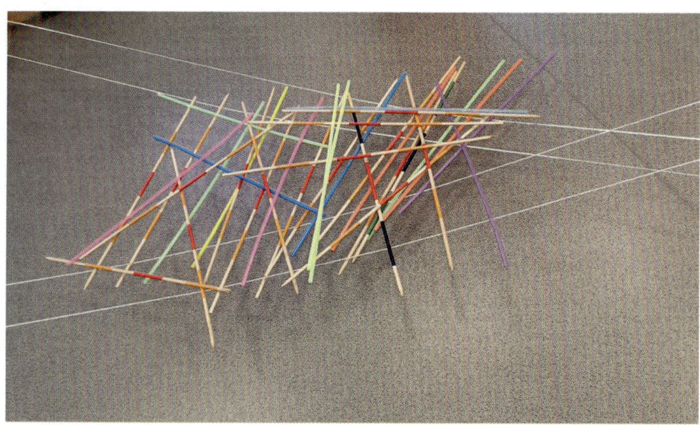

Impulse und Handlungsweisen der Psychomotorik:

- Bewegungsplanung
- Körpererfahrung (Körperschema, Auge-Hand-Koordination, Bewegungssteuerung)
- Wahrnehmung (Propriozeption, Kraftdosierung)
- Geschicklichkeit
- Sozialkompetenz (die anderen Kinder in ihren Fähigkeiten wahrnehmen und respektieren)
- selbstbestimmtes Handeln (eigenen Weg und Bewegungsart aussuchen)
- Selbstbewusstsein
- Wechsel von Bewegung und Ruhe
- Frustrationstoleranz

Förderaspekte

- **Planung** = Weg zu den Buchstaben planen (Variation b)
- **Räumliche Wahrnehmung** = sich zwischen dem „Stacheldrahtzaun" zurechtfinden, versteckte Buchstaben im Raum wahrnehmen (Variation b)
- **Inhibition** = Regulation von Verhalten; keine ruckartigen/schnellen Bewegungen ausführen, um die Holzstäbe/Strohhalme ausbalanciert auf den Schnüren zu positionieren und den „Stacheldrahtzaun" beim sich Durchbewegen nicht zu beschädigen
- **Kognitive Flexibilität** = Buchstaben zu einem sinnvollen Wort aneinanderreihen (Variation b)
- **Achtsamkeit** = bewusste Bewegungssteuerung; vorsichtiges Ablegen der Holzstäbe/Strohhalme auf den Schnüren; vorsichtige und langsame Bewegungen zwischen dem „Stacheldrahtzaun"

5.7 Praxisanregungen mit Formen und Mustern

5.7.1 Bunte Fädelei

Altersgruppe: 4–6 Jahre
(Spiel-)Dauer: ca. 15 Minuten
Setting: Kleingruppe von 3–8 Kindern

Material:

- Formenknöpfe zum Auffädeln
- Schnüre (z. B. Schnürsenkel)
- Stühle
- Farbwürfel
- Einsteckwürfel
- Formenkarten

Vorbereitung:

- Formenknöpfe an der einen Seite des Raumes ausbreiten
- eine Schnur für jedes Kind an der anderen Raumseite bereitlegen
- Stühle in einer Reihe dazwischen aufstellen
- Formenkarten in den Einsteckwürfel einsortieren
- Einsteck- und Farbwürfel bei den Schnüren platzieren

Durchführung:

Vorab sollten die Formen des Einsteckwürfels gemeinsam mit den Kindern besprochen und benannt werden. Jedes Kind erhält eine Schnur. Ein Kind beginnt und darf mit dem Einsteckwürfel würfeln. Gemeinsam mit der Spielleitung benennt es zunächst die gesuchte Form (z. B. Dreieck). Anschließend macht sich das Kind auf den Weg zu den ausgebreiteten Formenknöpfen auf der anderen Raumseite. Hierzu kann es entweder über die Stuhlreihe krabbeln oder darunter hindurchkriechen. Dort angekommen sucht sich das Kind die gewürfelte Form aus den Formenknöpfen heraus und transportiert diese über/unter die/der Stuhlreihe zurück zum Ausgangspunkt. Zuletzt darf es die mitgebrachte Form noch auf die eigene Schnur auffädeln.

Variation:

Zusätzlich zum Einsteckwürfel kann noch ein Farbwürfel hinzugenommen werden. Die Kinder suchen dann nicht nur die passende Form, sondern auch noch den Knopf in der passenden Farbe.

Impulse und Handlungsweisen der Psychomotorik:

- Materialerfahrung
- Körpererfahrung (Balancieren, Kriechen/Krabbeln)
- Feinmotorik und Geschicklichkeit (Auffädeln)
- Sozialkompetenz (Absprachen, Rücksichtnahme bei Begegnungen auf/unter der Stuhlreihe)
- Selbstwirksamkeit
- Wechsel von Bewegung und Ruhe
- Beziehungsarbeit (Begleitung des Handelns)
- Entwicklungsorientierung
- Wahrnehmung (visuell)

Förderaspekte	
	▶ **Aufmerksamkeit** = fokussieren auf das Würfeln; aufmerksames Suchen der richtigen Form; konzentriertes Auffädeln; Selektion (nicht von den Bewegungen der anderen Kinder ablenken lassen) ▶ **Visuell-räumlicher Notizblock** = gewürfelte Form (und Farbe bei Variation) abspeichern und so den passenden Formenknopf holen ▶ **Inhibition** = abwarten und in der Bewegung innehalten, wenn der Weg über/unter der Stuhlreihe nicht frei ist ▶ **Kognitive Flexibilität** = bei Begegnungen auf/unter der Stuhlreihe eine Lösung finden, aneinander vorbeizukommen ▶ **Achtsamkeit** = vorsichtiges Bewegen über/unter die/der Stuhlreihe, damit die Stühle nicht ins Wackeln kommen und man sich nicht an diesen stößt

5.7.2 Gemischte Bonbontüte

Altersgruppe: 5–10 Jahre
(Spiel-)Dauer: ca. 15 Minuten
Setting: Kleingruppe von 3–6 Kindern

Material:

- Bonbons in verschiedenen Farben und Formen mit unterschiedlichen Mustern (siehe Download)
- Bildkarten der Muster (Streifen, Punkte, Obst) (siehe Download)
- Bildkarten der Bonbon-Umrisse (eckig, oval, rund) (siehe Download)
- 2 Einsteckwürfel
- 3 Farbwürfel
- ggf. Wäscheklammer und Schnur/Leine
- ggf. Materialien für Gleichgewichtsparcours oder Rollbrett

Vorbereitung:

- Bonbons ausdrucken, laminieren und ausschneiden
- Bildkarten der Muster und der Umrisse ausdrucken und laminieren
- Bonbons im Raum auf dem Boden verteilen oder mit Wäscheklammern an einer Leine/Schnur aufhängen
- Farbwürfel und Einsteckwürfel bereitlegen

Durchführung:

Ein Kind beginnt und würfelt mit den drei Farbwürfeln. Anschließend machen sich alle Kinder auf die Suche nach einem passenden Bonbon, welches die drei gewürfelten Farben enthält. Dieses wird anschließend mit den Farben auf dem Farbwürfel verglichen.

Variationen:

a) Es werden nur zweifarbige Bonbons im Raum verteilt und dementsprechend kommen auch nur zwei Farbwürfel zum Einsatz.
b) Die Bonbons können auf dem Boden gelegt werden oder mit Wäscheklammer an einer Leine/Schnur aufgehängt werden.
c) In einen Einsteckwürfel werden Bonbon-Umrisse und in den anderen Mustervorlagen einsortiert. Die Kinder spielen mit beiden Einsteckwürfeln und versuchen ein Bonbon mit dem passenden Umriss und dem passenden Muster zu finden.
e) Für das Spiel werden ein Einsteckwürfel mit Mustern und zwei Farbwürfel genutzt. Die Kinder spielen mit allen drei Würfeln und versuchen das passende Bonbon zu finden.
f) Für das Spiel wird ein Einsteckwürfel mit Umrissen und der andere mit Obst-Bildkarten gefüllt. Die Kinder spielen mit beiden Würfeln und versuchen ein passendes Bonbon zu finden.
g) Für das Spiel wird ein Einsteckwürfel mit Obst-Bildkarten bestückt und ein Farbwürfel hinzugenommen. Die Kinder spielen mit beiden Würfeln und versuchen ein passendes Bonbon zu finden.
h) Bildkarten des Obsts werden im Raum verteilt. Die Kinder sammeln alle Obst-Bonbons und sortieren diese zur passenden Bildkarte.
i) Der Weg zu den Bonbons kann z. B. mit einem Gleichgewichtparcours gekennzeichnet oder auf einem Rollbrett durchfahren werden.

Impulse und Handlungsweisen der Psychomotorik:

- Materialerfahrung
- Körpererfahrung
- Selbstbewusstsein
- Frustrationstoleranz
- Sozialkompetenz (Rücksichtnahme)
- Entwicklungsorientierung
- Wahrnehmung (visuell, visuelles Operieren)

Förderaspekte

- ▶ **Aufmerksamkeit** = fokussiert das Spielgeschehen verfolgen
- ▶ **Visuell-räumlicher Notizblock** = Kombinationen der gewürfelten Farben/Muster/Umrisse/Obstsorten merken, während das Bonbon gesucht wird/der Gleichgewichtsparcours überquert wird oder der Weg mit dem Rollbrett überquert wird
- ▶ **Räumliche Wahrnehmung** = Überblick über die Bonbons im Raum erlangen; passendes Bonbon in der Menge finden
- ▶ **Inhibition** = sich auch mal zurücknehmen, um anderen Kindern die Chance zu lassen, ein Bonbon zu finden

5.7.3 Zauberketten

Altersgruppe: 6–9 Jahre
(Spiel-)Dauer: ca. 15 Minuten
Setting: Einzelsituation oder Kleingruppe von 2–6 Kindern

Material:

- Bunte Kettenglieder mit Öffnung zum Verbinden (z. B. aus Kunststoff)
- Buntstifte
- Papier

Vorbereitung:

- alle Materialien bereitlegen

Durchführung:
Die Kinder dürfen beliebig viele Kettenglieder miteinander verbinden und daraus Formen/Figuren legen.

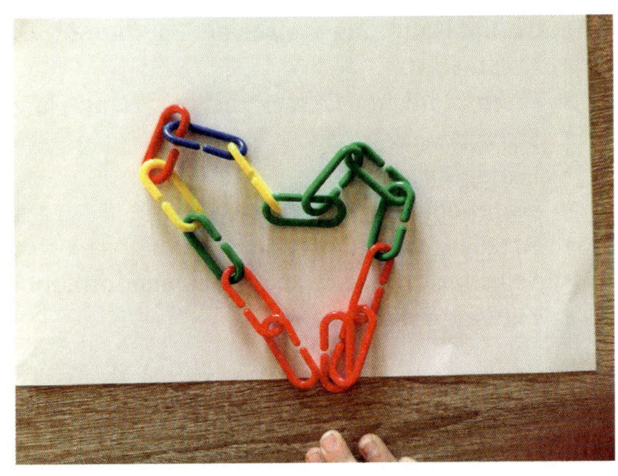

Variationen:

a) Vorab wird eine Form, eine Ziffer oder ein Buchstabe auf das Papier aufgemalt. Anschließend versuchen die Kinder so viele Kettenglieder miteinander zu verbinden, so dass die Länge der Kette ausreicht, um die vorgemalte Form/den Buchstaben/die Ziffer nachlegen zu können.

b) Beim Nachlegen der Buchstaben/Ziffern dürfen jeweils nur Kettenglieder einer Farbe verwendet werden.

c) Die Kinder erstellen eine Kette aus bunten Kettengliedern. Anschließend malen sie die Kette mit Buntstiften auf das Papier auf, sodass die einzelnen Glieder erkennbar miteinander verbunden sind und die Farbreihenfolge, der der tatsächlichen Kette entspricht.

Impulse und Handlungsweisen der Psychomotorik:

- Kreativität
- Feinmotorik und Geschicklichkeit, Hand-Hand-Koordination
- Selbstbewusstsein
- Handlungsplanung
- Wahrnehmung (Kraftdosierung)
- Sozialkompetenz (Kooperation möglich)
- Selbstbestimmtes Handeln (eigene Formen/Figuren gestalten)
- Entwicklungsorientierung

Förderaspekte

- **Aufmerksamkeit** = Selektion (auf das eigene Tun fokussieren)
- **Planung** = benötigte Anzahl an Kettengliedern für das Nachlegen einschätzen (Variation a/b)
- **Räumliche Wahrnehmung** = Kettenglieder differenziert wahrnehmen und abzeichnen; Raum-Lage (Variation c), räumliche Beziehungen (Variation a)
- **Kognitive Flexibilität** = entsprechende Anzahl des Materials zu einer Form, Ziffer oder Buchstaben legen

5.7.4 Rückenmaler

Altersgruppe: 6–9 Jahre
(Spiel-)Dauer: ca. 15 Minuten
Setting: Kleingruppe von 2–6 Kindern

Material:

- Glücksrad mit Formen
- Formenkarten der Formen auf dem Glücksrad
- langes Seil
- Rollbrett
- Reifen

Vorbereitung:

- Glücksrad Herstellung (s. Herstellungsbeschreibung): verschiedene Formen auf Papier aufmalen, laminieren, ausschneiden und mit Klett am Glücksrad befestigen
- Glücksrad in einer Ecke des Raumes positionieren
- zusätzliche Formenkarten: ein zweites Exemplar der aufgemalten und einlaminierten Formen auf dem Glücksrad erstellen

- zusätzliche Formenkarten in einer anderen Ecke des Raumes in einem Reifen aufgedeckt bereitlegen
- ein Seil zwischen Glücksrad und Reifen mit Formenkarten spannen
- Rollbrett neben dem Glücksrad platzieren

Durchführung:

Ein Kind beginnt und sucht sich eine(n) Partner*in. Das Kind setzt sich so hin, dass es das Glücksrad nicht einsehen kann. Der/die ausgewählte Partner*in dreht am Glücksrad, malt die entsprechende Form auf den Rücken des sitzenden Kindes und dreht das Glücksrad anschließend um, sodass die gedrehte Form nicht mehr sichtbar ist (wenn nötig, darf das Malen auch noch einmal wiederholt werden). Das Partner-Kind versucht die Form zu erspüren, jedoch noch nicht laut auszusprechen. Stattdessen setzt es sich auf das Rollbrett und zieht sich mithilfe des gespannten Seiles auf die andere Raumseite. Dort sucht es sich aus den bereitgelegten Formenkarten die gespürte Form heraus und transportiert sie auf dem Rollbrett auf demselben Weg zurück. Dort angekommen wird die Formenkarte mit der gedrehten Form auf dem Glücksrad verglichen. Anschließend ist das malende Kind an der Reihe sich einen Partner zu suchen, der ihm dann wiederum eine Form auf den Rücken malt.

Variationen:

Variationen ergeben sich durch die Auswahl/Schwierigkeit der Formen und der Länge des Weges (Seil mit Rollbrett).

Impulse und Handlungsweisen der Psychomotorik:

- Körpererfahrung (Auge-Hand-Koordination)
- Sozialkompetenz (Nähe zulassen)
- Grafomotorik
- Wahrnehmung (taktil-kinästhetisch, visuell, Propriozeption)

Förderaspekte

- **Aufmerksamkeit** = Selektion (auf das Gemalte fokussieren)
- **Achtsamkeit** = achtsames Malen auf den Rücken des Partners
- **Visuell-räumlicher Notizblock** = erspürte Form im Kopf visualisieren und abspeichern, um die entsprechende Formenkarte zu finden
- **Inhibition** = erspürte Form nicht sofort benennen, sondern zunächst die passende Formenkarte heraussuchen
- **Kognitive Flexibilität** = einzelne Bewegungen auf dem Rücken zu einem Bild zusammenfügen

5.7.5 Naturformen

Altersgruppe: 6–9 Jahre
(Spiel-)Dauer: ca. 15 Minuten
Setting: Kleingruppe von 3–8 Kindern

Material:
- Glücksrad mit Formen
- Papier
- Stifte
- Kastanien

Vorbereitung:
- Glücksrad Herstellung (s. Herstellungsbeschreibung): verschiedene Formen auf Papier aufmalen, laminieren, ausschneiden und mit Klett am Glücksrad befestigen
- Glücksrad auf der einen Raumseite positionieren
- Papier, Stifte und Kastanien auf der anderen Seite des Raumes bereitlegen

Durchführung:
Ein Kind beginnt und dreht zunächst das Glücksrad. Anschließend betrachtet und merkt es sich die gedrehte Form und läuft auf die andere Raumseite. Dort angekommen malt es die Form auf das Papier und legt die Linien anschließend noch mit Kastanien nach.

Variation:
Variationen ergeben sich aus der Auswahl der Formen.

Impulse und Handlungsweisen der Psychomotorik:
- Materialerfahrung
- Fein- und Grafomotorik
- Wechsel zwischen Bewegung und Ruhe
- Selbstwirksamkeit
- Wahrnehmung (visuelles Gedächtnis, Formkonstanz)

Förderaspekte

- **Aufmerksamkeit** = aufmerksames Betrachten der gedrehten Form; konzentriertes Malen und Nachlegen
- **Visuell-räumlicher Notizblock** = gedrehte Form merken und anschließend auf das Papier reproduzieren
- **Räumliche Wahrnehmung** = Größe der Form beim Malen so anpassen, dass die Linien anschließend mit Kastanien nachgelegt werden können
- **Achtsamkeit** = bewusste Bewegungssteuerung beim Platzieren der Kastanien auf dem Papier, da diese leicht wegrollen/verrutschen können

5.7.6 Ei, wie schön!

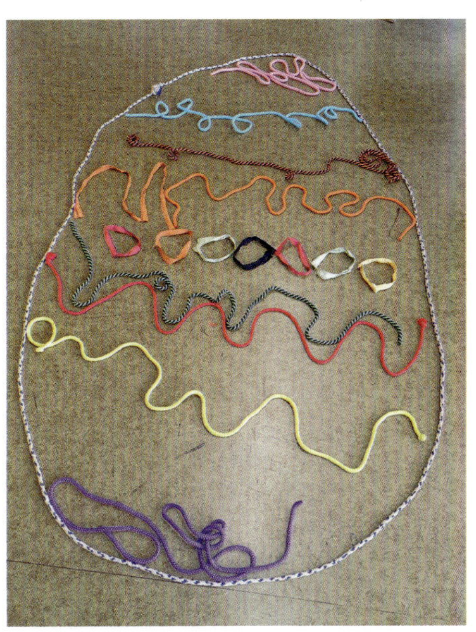

Altersgruppe: 6–9 Jahre
(Spiel-)Dauer: ca. 20 Minuten
Setting: Kleingruppe mit bis zu 8 Kindern

Material:

- Seile in verschiedenen Farben
- Stoffbänder in verschiedenen Farben
- ein langes Seil (z. B. Kletterseil)
- Vorlage Ei-Umriss
- Buntstifte

Vorbereitung:

- ausreichend Platz auf dem Boden schaffen
- aus dem langen Seil eine Ei-Form auf dem Boden legen
- restliche Seile und Stoffbänder bereitlegen
- Vorlage Ei-Umriss erstellen/ausdrucken und in entsprechender Anzahl kopieren

Durchführung:
Die Kinder dürfen nacheinander mit einem selbstgewählten Seil oder einem Stoffband ein Muster in das große, gelegte Ei auf dem Boden einfügen (z. B. Punkte, Streifen, Schnecken, Flecken). Anschließend nehmen sie sich eine Umriss-Vorlage und malen mit Buntstiften Muster in das Ei. Dabei dürfen die Kinder selbst entscheiden, ob sie die gelegten Muster auf dem Boden abmalen oder sich eigene Muster ausdenken.

Variationen:

a) Die Kinder malen zuerst ein Ei mit Mustern und legen anschließend die Seile in das gelegte Ei.

b) Die Kinder bekommen die Vorgabe in das gelegte Ei waagerechte Streifen mit den Seilen einzufügen. Diese sollen dabei immer denselben Abstand zueinander haben. Anschließend malen die Kinder dieses Muster auch in ihre Vorlage und achten dabei ebenso auf die Abstände zwischen den Streifenlinien. Sobald das Ei mit Streifen gefüllt ist, dürfen die Kinder jeweils zwischen zwei Linien noch ein Muster einfügen (z. B.: Zick-Zack-Linie, Punkte, senkrechte Streifen, Dreiecke). Danach dürfen die Kinder ihre ausgedachten Muster zwischen den Linien noch mit den Stoffbändern in das große, gelegte Ei zwischen den Seilen einfügen.

c) Wie Variation b) nur ohne die Muster zwischen den Linien. Sobald die Streifenlinien gelegt wurden, dürfen die Kinder versuchen durch das Ei zu laufen, ohne dabei die Seile zu berühren. Dabei sollen sie jeweils einen Fuß in einen Zwischenraum stellen (z. B.: mit einem Kreuzschritt).

Impulse und Handlungsweisen der Psychomotorik:

- Ganzheitlichkeit
- Materialerfahrung
- Körpererfahrung (durch die Seile laufen)
- Feinmotorik, Geschicklichkeit, Hand-Hand-Koordination, Grafomotorik
- Kreativität
- selbstbestimmtes Handeln
- Sozialkompetenz (gemeinsam das Ei füllen)
- Wahrnehmung (visuell)

Förderaspekte	
	▶ **Visuell-räumlicher Notizblock** = Abspeichern der gelegten Muster, um diese abmalen zu können ▶ **Planung** = Muster finden, die in die Zwischenräume passen ▶ **Räumliche Wahrnehmung** = Abstände wahrnehmen und einhalten (Variation b); Räume ausfüllen beim Legen der Muster mit den Seilen; Formen und Muster bilden ▶ **Inhibition** = Verhalten regulieren; abwarten, während andere Kinder an der Reihe sind die Seile zu legen ▶ **Achtsamkeit** = Seilumriss des Eies nicht berühren, da es sich leicht verformen kann; auf andere Muster Acht geben, wenn man innerhalb des Eies ein eigens Muster legt; bewusste Bewegungssteuerung beim Durchlaufen des Eies, um die Seile nicht zu berühren (Variation c)

5.8 Praxisanregungen mit Farben, Mengen und Reihenfolgen

5.8.1 Bärenfamilie

Altersgruppe: 4 – 6 Jahre
(Spiel-)Dauer: ca. 15 Minuten
Setting: Kleingruppe von 3 – 6 Kindern

Material:

- Kunststoffbären in verschiedenen Farben und Größen (z. B. „Three Bear Family-Counters", Learning Resources)
- Bärenschablonen in verschiedenen Farben (hier von: Creative Creations – Yoenes Pattyn/Belgien); alternativ aus Pappe
- Farbwürfel
- Mengenwürfel
- Materialien für Höhlenbau (z. B. Decken und Kissen)

Vorbereitung:

- Bärenschablonen im Raum verteilen
- Kunststoffbären in der Mitte ausbreiten

Durchführung:
Die Kinder würfeln nacheinander mit dem Farbwürfel und nehmen sich jeweils einen farblich entsprechenden Bären und bringen diesen zur farblich passenden Bärenschablone.

Variationen:

a) Die Bärenschablonen werden alle nebeneinander platziert. Die Kinder würfeln nacheinander mit dem Farbwürfel und nehmen sich einen Bären der entsprechenden Farbe (ungeachtet der Größe). Diesen stellen sie in eine der Bärenschablonen. Das Ziel ist es hierbei, dass von jeder Farbe ein Bär in jeder Schablone steht. In keine Schablone dürfen zwei Bären derselben Farbe hineingestellt werden.
b) Jedes Kind erhält eine Bärenschablone. Nacheinander würfeln die Kinder mit

dem Zahlenwürfel und nehmen sich die gewürfelte Anzahl an Bären ihrer Farbe, um diese in ihrer Bärenschablone zu platzieren. Dies geht so lange, bis kein Bär mehr in der Schablone Platz findet. Das Kind darf die Größe der Bären dabei selbst wählen.

c) Jedes Kind erhält eine Bärenschablone und sucht sich damit einen Platz im Raum (ggf. baut es sich aus vorhandenen Materialien (z. B. Tischen, Decken) eine Bärenhöhle, in die die Schablone hineingelegt werden kann. Anschließend nimmt sich jedes Kind immer einen Bären der eigenen Farbe und bringt ihn im Bärengang in seine Bärenschablone. Das Ziel ist es, eine gesamte Bärenfamilie in der eigenen Schablone stehen zu haben (= einen großen „Papa-Bär“, einen etwas kleineren „Mama-Bär“ und einen kleinen „Baby-Bär“).

Impulse und Handlungsweisen der Psychomotorik:

- Handlungsplanung
- Wahrnehmung (visuell, Formkonstanz, Mengenerfassung)
- Entwicklungsorientierung
- Materialerfahrung
- Entscheidungsfreiheit
- Regelverständnis

Förderaspekte

- **Aufmerksamkeit** = aufmerksames Zuhören bei der Aufgabenstellung; ausdauernde Konzentration beim Aussuchen der Bären und fokussieren auf die eigene Bärenschablone (Variation c)
- **Räumliche Wahrnehmung** = Überblick über die Bärenschablonen behalten (Variation a); Platzverhältnisse in der eigenen Bärenschablone beachten (Variation b); Größenunterschiede wahrnehmen (Variation c)
- **Kognitive Flexibilität** = Auswahl der Zielschablone flexibel anpassen, je nachdem in welcher Schablone die gewürfelte Farbe noch fehlt (Variation a); Größe der ausgewählten Bären anpassen, je nachdem, wieviel Platz in der eigenen Schablone noch vorhanden ist (Variation b)

5.8.2 Plopp und Stopp

Altersgruppe: 5–8 Jahre
(Spiel-)Dauer: ca. 10 Minuten
Setting: Einzelsituation oder Kleinstgruppe mit 2 Kindern

Material:
- Quetschie-Deckel in verschiedenen Farben
- Kiste
- Pop it „buntes Quadrat“

Vorbereitung:
- Quetschie-Deckel in einer Kiste bereitstellen
- Pop it danebenlegen

Durchführung:
Die Spielleitung oder ein Kind „ploppen“ beliebig viele Felder in den einzelnen farbigen Reihen des Pop it. Das andere Kind schaut sich die Reihen genau an und legt die Anzahl mithilfe der gleichfarbigen Quetschie-Deckel nach.

Variation:
Nach genauer Betrachtung des Pop its wird dieses verdeckt und das Kind versucht die Reihen aus dem Gedächtnis nachzubilden.

Impulse und Handlungsweisen der Psychomotorik:
- Entscheidungsfreiheit
- Kreativität

- Materialerfahrung
- Feinmotorik
- Entwicklungsorientierung
- Wahrnehmung (visuell, Mengenerfassung)

Förderaspekte

- **Aufmerksamkeit** = fokussiertes Betrachten und Vergleichen der Reihen
- **Visuell-räumlicher Notizblock** = Nachbildung der „geploppten" Reihen aus dem Gedächtnis
- **Planung** = Reihen mit einem anderen Material identisch nachbilden
- **Räumliche Wahrnehmung** = Reihen mit „geploppten" und nicht „geploppten" Feldern wahrnehmen; Quetschie-Deckel in identischen Reihen anordnen
- **Inhibition** = Verhalten regulieren, um auch Felder „ungeploppt" zu lassen

5.8.3 Einmal voll, bitte!

Altersgruppe: 5–8 Jahre
(Spiel-)Dauer: ca. 10 Minuten
Setting: Gruppe von 6–10 Kindern

Material:

- Kastanien
- große Kiste
- Becher (z. B. Plastikbecher Ikea)

Vorbereitung:

- Kastanien in die Kiste legen und diese an einer Raumseite platzieren
- Becher auf der anderen Seite des Raumes bereitstellen

Durchführung:

Alle Kinder stellen sich in die Nähe der Kiste mit den Kastanien. Ein Kind darf beginnen und läuft auf die andere Raumseite zu den Bechern. Bei diesen angekommen bekommt das Kind von der Spielleitung eine Zahl zwischen 1 und 10 genannt. Anschließend nimmt es sich einen Becher und läuft mit diesem in Richtung der Kastanienkiste. Währenddessen beginnen die anderen Kinder, die um die Kiste herumstehen, durcheinander Zahlen hereinzurufen. Das ankommende Kind versucht dies auszublenden und sich die entsprechende Anzahl an Kastanien, die es von der Spielleitung genannt bekommen hat, in den Becher zu füllen.

Danach bringt es den Becher zurück zur Spielleitung und es wird gemeinsam nachgezählt. Anschließend ist das nächste Kind an der Reihe.

Variationen:

a) Es können zwei Becher genommen werden, in die jeweils eine unterschiedliche Anzahl an Kastanien gefüllt werden soll.

b) Die Bewegungsart auf dem Weg zur Kastanienkiste wird vorgegeben (z. B. rückwärtslaufen).

Impulse und Handlungsweisen der Psychomotorik:

- Körpererfahrung (je nach Bewegungsart)
- Materialerfahrung
- Entwicklungsorientierung
- Selbstbewusstsein
- Beziehungsarbeit (Begleitung des Handelns)
- Wahrnehmung (auditiv, Mengenerfassung)

Förderaspekte

- **Aufmerksamkeit** = aufmerksames Zuhören bei Nennung der Menge; Selektion (auditiven Störfaktor der hereinrufenden Kinder ausblenden und auf die genannte Menge an Kastanien fokussieren)
- **Phonologische Schleife** = genannte Menge merken und die entsprechende Anzahl auf der anderen Raumseite in die Becher füllen
- **Kognitive Flexibilität** = in jeden Becher eine andere Menge Kastanien einfüllen (Variation a)

5.8.4 Würfelrätsel

Altersgruppe: 5–8 Jahre
(Spiel-)Dauer: ca. 10 Minuten
Setting: Einzelsituation oder Kleingruppe von 2–3 Kindern

Material:
- 16 Würfelaugen-Bildkarten
- Kreppband
- Legende (Farb-/Musterpunkte zugeordnet zu den Würfelaugen)
- Sandsäckchen in verschiedenen Farben/mit verschiedenen Mustern
- großer Mengenwürfel aus Schaumstoff

Vorbereitung:
- Legende erstellen = jeder Würfelaugenzahl eine Farbe oder ein Muster zuordnen und dieses mit einem Farbpunkt/Musterpunkt auf der Legende darstellen, Zahl mit Würfelaugen bildhaft darstellen
- mithilfe des Kreppbandes ein 4 × 4 großes Spielfeld auf den Boden kleben (wichtig: einzelne Felder müssen groß genug sein, um dort die Würfelaugen-Bilder hineinlegen zu können)
- Würfelaugenbilder in den Feldern platzieren
- Legende und Sandsäckchen vor/neben dem Spielfeld positionieren
- Mengenwürfel griffbereit legen

Durchführung:

Ein Kind beginnt und würfelt mit dem Mengenwürfel und betrachtet die Legende, um herauszufinden, welche Farbe/ welches Muster das Säckchen der gewürfelten Menge haben muss. Anschließend sucht es sich das passende Säckchen heraus und legt dieses auf ein passendes Würfelaugenbild auf dem Spielfeld. So wird immer wieder gewürfelt, bis alle Bildkarten mit einem Säckchen belegt sind.

Variationen:

a) Anstelle der Würfelaugenbilder sind die Mengen auf der Legende als Ziffern dargestellt.

b) Das Spielfeld kann auch als Bingo bespielt werden, sodass vier Würfelaugenbilder in einer Reihe belegt werden müssen.

Impulse und Handlungsweisen der Psychomotorik:

- Materialerfahrung
- Selbstbewusstsein
- Entscheidungsfreiheit (Auswahl aus mehreren gleichen Würfelaugen-Bildern)
- Wahrnehmung (Farb- und Mengenerfassung)

Förderaspekte

- **Aufmerksamkeit** = fokussiert das Spielgeschehen verfolgen
- **Planung** = strategisches Handeln, um schnell vier in einer Reihe zu legen (Variation b)
- **Räumliche Wahrnehmung** = passende Würfelaugen-Bilder auf dem Spielfeld finden; vier in einer Reihe erkennen und legen (Variation b)
- **Kognitive Flexibilität** = Würfelaugenbilder, Mengen und Ziffern mit Farben und Mustern in Verbindung bringen

5.8.5 Kanalsystem

Altersgruppe: 5–10 Jahre
(Spiel-)Dauer: ca. 15 Minuten
Setting: Einzelsituation oder Kleinstgruppe mit 2 Kindern

Material:

- Röhren in verschiedenen Materialien und Längen (z. B. Kriechtunnel, Heulrohr, Drainagerohr, Musikrohr, Abflussrohr, Pappröhre)
- Ziffern-/Zahlen-Bildkarten von 1–10 in schwarz-weiß
- Ziffern-/Zahlen-Bildkarten von 1–10 in bunten Farben
- 10 bunte Farbpunkte als Bildkarten (identische Farben, wie bei den Ziffern-/Zahlen-Bildkarten)
- Buchstaben-Bildkarten (z. B. die Buchstaben b-e-e-i-l-n)
- lange Seile
- ggf. große Krabbelmatte

Vorbereitung:

- idealerweise eine große Krabbelmatte als Untergrund ausbreiten, um ein Wegrollen der Röhren zu vermeiden
- Ziffern-/Zahlen-Bildkarten von 1–10 in schwarz-weiß auf der Matte verteilen
- verschiedene Röhren so hinlegen, dass sie die Ziffern/Zahlen mehrfach miteinander verbinden (es muss nicht jede Ziffer/Zahl mit jeder Ziffer/Zahl direkt verbunden sein)

Durchführung:

Das Kind beginnt bei der Ziffer „1" und soll im Folgenden die Ziffern/Zahlen bis 10 in der richtigen Reihenfolge miteinander verbinden. Dazu führt es zunächst ein Seil durch die Röhre von

der Ziffer „1“ zur Ziffer „2“. Gibt es keine direkte Verbindung dorthin, versucht das Kind durch einen Umweg über einer anderen Ziffer nach dem Durchqueren mehrerer Röhren zur Ziffer „2“ zu gelangen. Falls das Seil zu kurz ist, kann es durch einen Knoten mit einem anderen Seil verlängert werden. So versucht das Kind von Ziffer/Zahl zu Ziffer/Zahl zu gelangen und diese mithilfe, der durch die Röhren geführten, Seile miteinander zu verbinden, bis es bei der Zahl „10“ angekommen ist. Je nach Länge der Seile, müssen diese ggf. miteinander verknotet werden, um die gewünschte Länge für das Kanalsystem zu erreichen.

Variationen:

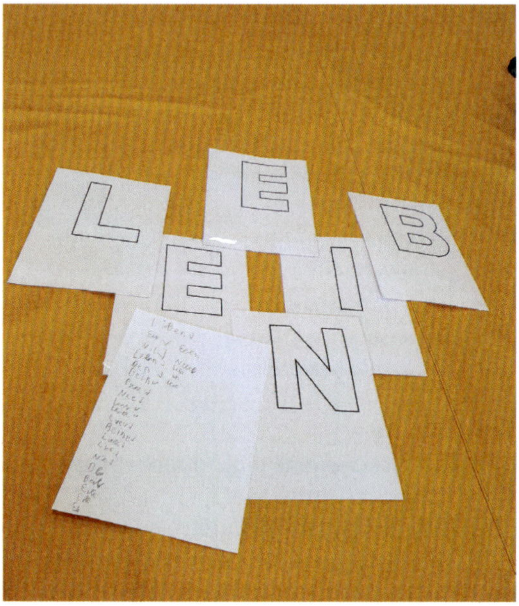

a) Anstelle der schwarz-weißen Ziffern/Zahlen werden bunte Ziffern/Zahlen auf der Krabbelmatte bereitgelegt und mit den Röhren verbunden. Zusätzlich wird mithilfe der bunten Farbpunkte eine Farbreihenfolge festgelegt und als visueller Hinweis vor der Krabbelmatte platziert. Das Kind soll nun die Ziffern/Zahlen in der richtigen Farbreihenfolge (wie durch die Farbpunkte vorgegeben) miteinander verbinden und nicht mehr auf die richtige Reihenfolge der Ziffern/Zahlenwerte achten. Die Anzahl der Farbpunkte kann entsprechend der Entwicklung des Kindes variiert werden.

b) Wie Variation a), nur dass die Farbpunkte dem Kind lediglich einmal gezeigt und anschließend verdeckt werden.

c) Wie Variation a), nur dass einige Farben dem Kind in einer bestimmten Reihenfolge genannt werden (ggf. mit Wiederholung).

d) Anstelle der Ziffern/Zahlen-Bildkarten werden die ausgewählten Buchstaben auf der Matte verteilt. Das Kind soll daraus nun verschiedene Wörter bilden, indem es die Buchstaben mithilfe der Seile durch die Röhren miteinander verbindet (Wörter aus den Buchstaben b-e-e-i-l-n wären z. B.: Blei, Biene, Liebe, bei, ein, eine, Leben, Nebel, Bein, Beine, Eile, Beil, nie, eben, Leib). Zur Hilfestellung können die Kinder ihre Wörter vor bzw. nach dem Verbinden auf ein Papier schreiben.

e) Das Kind soll die vorhandenen Buchstaben in der richtigen Reihenfolge des Alphabetes verbinden, auch wenn für das vollständige Alphabet einige Buchstaben dazwischen fehlen.

f) Die Ziffern/Zahlen- oder Buchstaben-Bildkarten werden vorab auf der Matte bereitgelegt, die Röhren jedoch noch nicht. Das Kind muss somit zunächst eine Röhre in der passenden Länge auswählen, bevor es zwei Bildkarten mit den Seilen durch diese verbinden kann.

Impulse und Handlungsweisen der Psychomotorik:

- Materialerfahrung
- Geschicklichkeit, Hand-Hand-Koordination (Knoten und Seile durchfädeln)
- Entscheidungsfreiheit (Weg wählen)
- Selbstbewusstsein
- Handlungsplanung
- Kreativität (Wörter finden)
- Entwicklungsorientierung
- Wahrnehmung (visuell)
- Überkreuzbewegungen (Knoten)

Förderaspekte

- **Aufmerksamkeit** = ausdauernde Aufmerksamkeit und Konzentration auf das Verbinden in der richtigen Reihenfolge
- **Phonologische Schleife & Visuell-räumlicher Notizblock** = Farbreihenfolge abspeichern und verfolgen (Variationen b und c)
- **Planung** = Weg zur nächsten passenden Bildkarte planen
- **Räumliche Wahrnehmung** = Übersicht über die Bildkarten gewinnen; räumliche Beziehungen, Abstände zwischen den Bildkarten einschätzen, um Röhren in der passenden Länge zu finden (Variation f)
- **Kognitive Flexibilität** = Farbreihenfolge befolgen und nicht mehr auf die Ziffern/Zahlenreihenfolge achten (Variation a); Buchstaben immer wieder neu anordnen, um neue Wörter zu bilden (Variation d); Buchstaben in alphabetischer Reihenfolge verbinden, auch wenn dieses nicht vollständig aufgeführt ist (Variation e)
- **Achtsamkeit** = vorsichtiges Durchfädeln und Ziehen der Seile, damit die Röhren an ihrem Platz bleiben

5.8.6 Code-Knacker

Altersgruppe: 6–8 Jahre
(Spiel-)Dauer: ca. 15 Minuten
Setting: Kleingruppe von 3–6 Kindern

Material:

- Tresor mit Ziffernschloss
- große Ziffern (z. B. aus Moosgummi)
- einen Schatz (z. B. ein Spiel)
- 6 Treax Pads (Neofect)

Vorbereitung:

- Schatz im Tresor verstecken
- Tresor mit einer 4-stelligen Ziffernkombination verschließen
- passende Zahlen für die Ziffernkombination heraussuchen und im Raum verstecken
- 6 Treax Pads im Halbkreis in der Nähe des Tresors aufbauen

Durchführung:
Zunächst müssen die Kinder die im Raum versteckten Ziffern finden. Ein Kind beginnt und stellt sich vor die Treax Pads. Bevor es sich auf die Suche nach einer Ziffer machen darf, muss es ein kurzes Reaktionsspiel schaffen. Dazu werden die Treax Pads auf die Einstellung „Random Reaction" eingestellt, sodass sie in bestimmten Abständen immer wieder aufleuchten (die Geschwindigkeit kann je nach Entwicklungsstand der Kinder individuell angepasst werden). Sobald ein Treax-Pad aufleuchtet, darf es von dem Kind durch eine Berührung mit dem Fuß ausgemacht werden. Erst nach 10 erfolgreichen Treffern, darf das Kind sich auf die Suche nach einer Zahl im Raum machen. Anschließend ist das nächste Kind an der Reihe. Wenn die Kinder alle Zahlen gefunden haben, kommen sie am Tresor zusammen, um gemeinsam den Zifferncode zu knacken und den Tresor öffnen zu können. Hierzu probieren sie verschiedene Kombinationen aus, bis es ihnen gelingt.

Variation:
Das Reaktionsspiel mit den Treax-Pads kann durch ein beliebiges anderes Reaktionsspiel oder eine beliebige andere kleine Aufgabe ersetzt werden.

Impulse und Handlungsweisen der Psychomotorik:

- Körpererfahrung
- Sozialkompetenz (gemeinsames Lösen des Codes, Kommunikation)
- Kreativität
- Handlungsplanung
- Wechsel von Bewegung und Ruhe
- Frustrationstoleranz
- Reaktionsvermögen

Förderaspekte

- **Aufmerksamkeit** = fokussiertes Beobachten der Treax-Pads
- **Planung** = verschiedene Ziffernkombinationen ausprobieren, um den richtigen Code herauszufinden
- **Räumliche Wahrnehmung** = versteckte Ziffern im Raum finden
- **Inhibition** = Verhalten und Emotionen regulieren; erst nach Vollendung des Reaktionsspiels loslaufen, um die Ziffer zu suchen; eigene Ideen beim Code-lösen einbringen, aber auch denen der anderen Kinder Raum geben
- **Kognitive Flexibilität** = mögliche Ziffernkombinationen herausfinden

5.8.7 Farbchaos

Altersgruppe: 6–9 Jahre
(Spiel-)Dauer: ca. 10 Minuten
Setting: Kleingruppe mit 3–6 Kindern

Material:

- 4 farbige Buzzer mit der Möglichkeit zur eigenen Programmierung (z . B Learning Resources® Buzzer)
- Muggelsteine in verschiedenen Farben (alternativ: z. B. Sandsäckchen)

Vorbereitung:

- Buzzer in der Raummitte bereitlegen
- Muggelsteine im Raum auf dem Boden verteilen

Durchführung:
Zunächst werden die farbigen Buzzer gemeinsam mit den Kindern besprochen. Hierzu sollen die Kinder sich vier verschiedene Farben überlegen. Wichtig: die Farben sollen sich von den Farben der Buzzer unterscheiden (z. B. roter Buzzer – Farbwort gelb; grüner Buzzer – Farbwort

blau). Die Spielleitung drückt auf die Aufnahmetaste des Buzzers und sobald ein Piepton ertönt, dürfen ausgewählte Kinder die besprochene Farbe laut und deutlich benennen. Anschließend wird sich die Aufnahme auf dem Buzzer gemeinsam angehört. Sobald alle Farbworte aufgenommen sind, kann das Spiel beginnen. Ein Kind drückt auf einen Buzzer. Nach Erklingen des Farbwortes, suchen sich die Kinder einen Muggelstein in der genannten Farbe. Sobald alle Kinder einen Muggelstein geholt haben, wird zur Überprüfung noch einmal derselbe Buzzer gedrückt und das genannte Farbwort mit den geholten Steinen verglichen. Danach ist das nächste Kind an der Reihe und darf einen Buzzer drücken.

Variation:

Die Kinder hören sich das besprochene Farbwort auf dem Buzzer an, sollen jedoch einen Muggelstein in der Farbe des Buzzers holen und nicht in der gehörten Farbe.

Impulse und Handlungsweisen der Psychomotorik:

- Materialerfahrung
- Kreativität
- Wahrnehmung (visuell, auditiv)
- Entscheidungsfreiheit
- Sozialkompetenz (Rücksichtnahme)
- Selbstbewusstsein

Förderaspekte

- **Aufmerksamkeit** = aufmerksames Zuhören
- **Phonologische Schleife** = gehörtes Farbwort merken, um einen passenden Muggelstein zu holen
- **Inhibition** = Bewegungen innehalten, bis das Farbwort angehört wurde und erst dann loslaufen, um einen Muggelstein zu holen
- **Kognitive Flexibilität** = Verhalten immer wieder neu anpassen, je nachdem ob die Farbe des Buzzers oder das gehörte Farbwort relevant für die Auswahl des Muggelsteins ist (Variation)

5.8.8 Turmbau

Altersgruppe: 6–9 Jahre
(Spiel-)Dauer: ca. 15 Minuten
Setting: Gruppe von 4–10 Kindern (wichtig: gerade Anzahl)

Material:
- Quetschie-Deckel
- 2 Kisten
- 2 Tische

Vorbereitung:
- Tische gegenüber mit ein bisschen Abstand aufstellen (ca. 2 Meter)
- Quetschie-Deckel gleichmäßig auf beide Kisten aufteilen und Kisten auf den Tischen positionieren (oder Quetschie-Deckel auf beiden Tischen verteilen)

Durchführung:
Die Kinder finden sich in 2-er-Teams zusammen. Jedes Kind stellt sich gegenüber von seinem/r Partner*in an einen Tisch. Ein Kind beginnt und baut aus den Quetschie-Deckeln einen Turm bestehend aus drei Deckeln in verschiedenen Farben. Das andere Kind bekommt einen Moment Zeit, sich den Turm genau anzusehen und die Reihenfolge der aufeinander gestapelten Quetschie-Deckel einzuprägen. Anschließend stellt sich das bauende Kind so vor den eigenen Turm, dass dieser für das andere Kind nicht mehr sichtbar ist. Dieses Kind versucht nun auf dem eigenen Tisch den Turm aus dem Gedächtnis exakt nachzubauen. Falls nötig, darf es zwischendurch auch noch einmal nachschauen. Zuletzt werden die beiden Türme miteinander verglichen und ggf. verändert, damit sie exakt gleichaussehen. Anschließend tauschen die Kinder und das andere Kind darf einen Turm bauen.

Variation:
Variationen ergeben sich aus der Veränderung der Anzahl an Quetschie-Deckeln, die für den Turmbau benutzt werden sollen.

Impulse und Handlungsweisen der Psychomotorik:

- Materialerfahrung
- Feinmotorik und Geschicklichkeit
- Entscheidungsfreiheit
- Kreativität
- Wahrnehmung (visuell)
- Ich-Kompetenz
- Entwicklungsorientierung
- Frustrationstoleranz

Förderaspekte

- **Aufmerksamkeit** = aufmerksames Zuschauen beim Turmbau; fokussiertes Nachbauen; Selektion (sich nicht von den Geräuschen und dem Tun der anderen Kinder ablenken lassen)
- **Visuell-räumlicher Notizblock** = Farbreihenfolge der Quetschie-Deckel im fertigen Turm abspeichern und auf dem eigenen Tisch exakt nachbauen
- **Planung** = seriales Vorgehen
- **Inhibition** = abwarten, bis das andere Kind den Turm nachgebaut hat; in den eigenen Bewegungen innehalten, so dass der eigene Turm für das andere Kind nicht einsehbar ist

5.8.9 Herbstspaziergang

Altersgruppe: 6–10 Jahre
(Spiel-)Dauer: ca. 15 Minuten
Setting: Kleingruppe mit 3–8 Kindern

Material:

- 9–16 Reifen (alternativ: Matten)
- 9–16 große Bildkarten (Herbstbilder)
- 9–16 kleine Bildkarten (Herbstbilder)
- kleine Übersichtskarten = Karten, auf denen die großen Bilder in klein abgedruckt sind, wichtig: in derselben Anordnung, wie sie auch in dem Raum verteilt sind
- Seile
- Balanciersteine
- Sprach-Rekorder „Klammer" (z. B. von TimeTex)
- (Folien-)Stifte

Vorbereitung:

- Reifen so auf dem Boden als „Inseln" verteilen, so dass man problemlos von einer Insel zur nächsten gelangen kann, wichtig: Anordnung wie auf den kleinen Übersichtskarten
- in jeden Reifen eine große Bildkarte mit einem Herbstbild platzieren
- kleine Bildkarten verdeckt auf dem Boden vor den Reifen verteilen
- Übersichtskarten mit (Folien-)Stiften bereithalten
- Materialien zum Verbinden (Seile, Balanciersteine) griffbereit positionieren
- Sprach-Rekorder bereithalten

Durchführung:

Ein Kind beginnt und zieht nacheinander eine vorab festgelegte Anzahl an kleinen Bildkarten (variiert je nach Entwicklungsstand der Kinder). Dabei merkt es sich die Reihenfolge, in der die Karten gezogen wurden. Anschließend versucht es die Bildkarten in den Reifen wiederzufinden und diese in der richtigen Reihenfolge abzulaufen oder darüber zu hüpfen. Danach ist das nächste Kind an der Reihe.

Variationen:

a) Anstatt die Bildkarten in der richtigen Reihenfolge abzulaufen, verbindet das Kind diese mit Seilen oder Balanciersteinen.

b) Das Kind zieht nicht selbst die Karten, sondern ein anderes Kind. Dabei werden die Bildkarten nicht gezeigt, sondern laut vorgesprochen. Das Kind versucht sich so anhand der gehörten Wörter die Reihenfolge zu merken.

c) Vorab wird von der Spielleitung ein Weg auf der Übersichtskarte eingezeichnet. Das Kind prägt sich diesen gut an und läuft/hüpft die Bildkarten anschließend in der richtigen Reihenfolge ab.

d) Ein Kind verbindet die Bildkarten in den Reifen nacheinander mit den Balanciersteinen. Ein anderes Kind darf den Weg ablaufen und versucht sich dabei die Reihenfolge der Bildkarten einzuprägen, um den Weg anschließend in der Übersichtskarte einzeichnen zu können.

e) Das Kind zieht nacheinander die Bildkarten und versucht diese anschließend abzulaufen oder miteinander zu verbinden. Dabei ist dieses Mal die Reihenfolge jedoch nicht vorgegeben, sondern das Kind soll versuchen den kürzesten Weg zu finden, um alle gezogenen Bildkarten abzulaufen/zu verbinden.

f) Ein Kind sucht sich selbst einen Weg aus, den es abläuft. Ein anderes Kind versucht sich diesen Weg genau zu merken, um ihn anschließend in der Übersichtskarte einzuzeichnen oder die Begriffe in der richtigen Reihenfolge auszuzählen.

Impulse und Handlungsweisen der Psychomotorik:

- Körpererfahrung (Gleichgewicht)
- Wahrnehmung (auditiv, visuell)
- Sozialkompetenz (gegenseitiges Helfen möglich)
- Selbstbewusstsein
- Entscheidungsfreiheit
- Kreativität

Förderaspekte	
	▶ **Aufmerksamkeit** = aufmerksames Zuschauen/Zuhören, um den Weg nachgehen/nachlegen zu können; fokussiertes Aufdecken der Bildkarten, um sich die Reihenfolge merken zu können; aufmerksames Verfolgen des Spielgeschehens, auch wenn andere Kinder an der Reihe sind, um ihnen helfen zu können ▶ **Phonologische Schleife** = gehörte Bildreihenfolge merken und ablaufen/verbinden (Variation b) ▶ **Visuell-räumlicher Notizblock** = gesehene Bildreihenfolge merken und ablaufen/verbinden ▶ **Planung** = die kürzesten Wege finden (Variation e) ▶ **Räumliche Wahrnehmung** = Überblick über die Bildkarten auf dem Boden erlangen; großräumige Bewegungen in kleinen Übersichtskarten einzeichnen (Variation f); eingezeichnete Wege auf den kleinen Übersichtskarten in die großräumige Bewegung übertragen (Variation c)

5.9 Praxisanregungen rund um Körper

5.9.1 Schneemann bauen

Altersgruppe: 4–7 Jahre
(Spiel-)Dauer: ca. 15 Minuten
Setting: Kleingruppe von 2–6 Kindern

Material:

- Schneemann-Bildkarten (siehe Download)

Vorbereitung:

- Schneemann-Bildkarten ausdrucken, laminieren und jeden Schneemann in drei Teile zerschneiden
- einzelne Schneemannteile in einer Ecke des Raumes bereitlegen
- pro Schneemann ein Teil in einer anderen Ecke platzieren

Durchführung:
Die Kinder starten alle in der Ecke des Raumes, in der von jedem Schneemann bereits ein Teil bereitliegt. Dort sucht sich jedes Kind einen Schneemann aus (je nach Anzahl der Kinder ggf. auch mehrere Schneemänner für ein Kind). Anschließend dürfen die Kinder zur anderen Raumseite laufen, um dort nach einem passenden Teil für den eigenen Schneemann zu suchen. Dieses wird zurück zum Start transportiert und dort an das bereits vorhandene Schneemannteil angelegt. In jeder Runde dürfen die Kinder jeweils nur ein Teil aussuchen und mitbringen. Falls das mitgebrachte Teil nicht an den eigenen Schneemann passt, wird es zurückgebracht und gegen ein anderes Teil ausgetauscht. Das Spiel endet, wenn alle Schneemannteile zusammengefügt wurden.

Variationen:

a) Für ältere Kinder können die Schneemann-Bildkarten in mehr als drei Teile zerschnitten werden.

b) Die Schneemannteile müssen auf dem Weg über ein Hindernis transportiert werden (z. B. eine Bank).

Impulse und Handlungsweisen der Psychomotorik:

- Handlungsplanung
- Entwicklungsorientierung
- Körpererfahrung
- Beziehungsarbeit (Begleitung des Handelns)
- Wahrnehmung (visuell, Körperschema)

Förderaspekte

- **Aufmerksamkeit** = fokussiertes Suchen und; nur auf den eigenen Schneemann fokussieren
- **Visuell-räumlicher Notizblock** = Gestalt und Merkmale des eigenen Schneemanns einprägen, um auf der anderen Raumseite ein passendes Teil zu finden
- **Räumliche Wahrnehmung** = Überblick über die durcheinander gemischten Schneemannteile erlangen; Schneemannteile richtig zusammenfügen/anlegen
- **Inhibition** = in jeder Runde nur ein Schneemannteil auswählen und mitnehmen
- **Kognitive Flexibilität** = mit jedem neuen Teil den Schneemann weiter zusammensetzen

5.9.2 Spiegelbild

Altersgruppe: 5–8 Jahre
(Spiel-)Dauer: ca. 10 Minuten
Setting: Einzelsituation oder Kleinstgruppe mit 2 Kindern

Material:

- Material für eine Linie (z. B. Seil, Kreppband oder bereits vorhandene Linie auf dem Boden)
- Material zum Legen des Spiegelbildes (farbige Stäbe z. B. Eisstiele aus dem Bastelbedarf)

Vorbereitung:

- Linie in der Raummitte auswählen oder legen/kleben
- Materialien für das Spiegelbild griffbereit legen

Durchführung:

Die Spielleitung (oder ein älteres Kind) legt mithilfe der Materialen ein Muster entlang der Linie. Anschließend versucht das andere Kind dieses Muster gespiegelt auf der anderen Seite der Linie exakt nachzubilden. Die Linie dient dabei als Spiegelachse. Bei mehrfarbigen Materialen kann jedes Kind sich für eine Farbe entscheiden. Anschließend werden die Rollen getauscht, sodass das andere Kind sich nun ein Muster ausdenkt und dieses entlang der Linie legt.

Variation:

Variationen ergeben sich durch das Legen des Musters und der Auswahl des Legematerials.

Impulse und Handlungsweisen der Psychomotorik:

- Feinmotorik
- Materialerfahrung
- Wahrnehmung (visuell)
- Selbstbewusstsein
- Kreativität
- Selbstbestimmtes Handeln

Förderaspekte

- **Aufmerksamkeit** = fokussiertes Beobachten beim Legen
- **Räumliche Wahrnehmung** = gelegtes Muster mit seinen Abständen, Richtungen und Positionen wahrnehmen; Muster entsprechend der Spiegelachse legen
- **Kognitive Flexibilität** = visuelles Operieren, Symmetrische Ergänzung an der Spiegelachse

5.9.3 Zauberpuzzle

Altersgruppe: 5–8 Jahre
(Spiel-)Dauer: ca. 15 Minuten
Setting: Kleingruppe mit 2–6 Kindern

Material:
- vollständige Bildkarten (siehe Download)
- Bildkarten mit fehlenden Teilen (siehe Download)
- fehlende Teile der unvollständigen Bildkarten einzeln (siehe Download)
- Materialien für einen Balanceweg (z. B. Flusssteine)
- Kriechtunnel

Vorbereitung:
- vollständige Bildkarten auf der einen Raumseite bereitlegen
- unvollständige Bildkarten hinter den passenden vollständigen Bildkarten verstecken
- einzelne Teile auf der anderen Raumseite ausbreiten
- Balanceweg und Kriechtunnel aufbauen, die beide Raumseiten miteinander verbinden

Durchführung:
Jedes Kind sucht sich zunächst eine vollständige Bildkarte aus. Diese sollen alle sich in Ruhe ansehen und möglichst genau einprägen. Anschließend wird die unvollständige Bildkarte exakt

darübergelegt, sodass das Originalbild nicht mehr sichtbar ist. Jedes Kind schaut nun, welche Teile fehlen. Über den Balanceweg gelangt es auf die andere Raumseite. Dort angekommen versucht es unter den Einzelteilen ein passendes Teil für sein unvollständiges Bild zu finden. Dieses wird durch den Kriechtunnel zurückgebracht. Anschließend soll das mitgebrachte Teil an der richtigen Stelle auf dem unvollständigen Bild platziert werden. In jeder Runde darf nur ein Teil gleichzeitig transportiert werden. Je nach Entwicklungsstand der Kinder kann zwischen den Runden noch einmal ein Blick auf das Originalbild geworfen werden. Sobald alle Teile zu den Bildkarten gebracht und auf diesen positioniert wurden, werden die unvollständigen Bilder mit den Original-Bildkarten verglichen.

Variation:
Variationen ergeben sich aus der Auswahl der Bildkarten und der Anzahl fehlender Teile.

Impulse und Handlungsweisen der Psychomotorik:

- Selbstbewusstsein
- Körpererfahrung (Gleichgewicht, Koordination)
- Wahrnehmung (visuell, Raum-Lage)
- Entscheidungsfreiheit
- Sozialkompetenz (gegenseitiges Helfen)
- Entwicklungsorientierung

Förderaspekte	
	▶ **Aufmerksamkeit** = genaues Betrachten des Originalbildes; fokussiertes Suchen und Positionieren der einzelnen Teile auf dem unvollständigen Bild; nur auf das eigene Bild und die passenden Teile fokussieren ▶ **Visuell-räumlicher Notizblock** = Originalbild mit allen Details, um auf der anderen Raumseite ein passendes Teil zu finden und dieses anschließend richtig platzieren zu können ▶ **Räumliche Wahrnehmung** = Überblick über die durcheinander gemischten Teile erlangen; einzelne Teile an der richtigen Stelle auf dem Bild positionieren ▶ **Inhibition** = in jeder Runde nur ein Teil auswählen und mitnehmen ▶ **Achtsamkeit** = ruhige und vorsichtige Bewegungen beim Legen der einzelnen Teile auf den Bildern, um die bereits dort liegenden Teile nicht zu verschieben; bewusste Bewegungssteuerung beim Überqueren des Balanceweges

5.9.4 Hier fehlt doch was!

Altersgruppe: 6–9 Jahre
(Spiel-)Dauer: ca. 15 Minuten
Setting: Kleingruppe mit 3–8 Kindern

Material:

- Bildkarten Hasen/Zwerge (siehe Download)
- Umrissbild Hase/Zwerg (siehe Download)
- Buntstifte
- Papier

Vorbereitung:

- Bildkarten der Hasen/Zwerge ausdrucken, laminieren und ausschneiden
- Umrissbild des Hasen/Zwerges entsprechend der Anzahl der Kinder mehrmals kopieren
- Buntstifte und Papier für jedes Kind bereitlegen
- Bildkarten in einer anderen Ecke des Raumes positionieren

Durchführung:
Jedes Kind sucht sich zunächst eine Bildkarte aus und prägt sich diese mit allen Details gut ein. Anschließend setzt es sich an seinen Platz und versucht den Umriss des Hasen/Zwerges so auszumalen und zu ergänzen, dass dieser schlussendlich der ausgesuchten Bildkarte gleicht. Falls nötig, darf das Kind sich die Bildkarte zwischendurch noch einmal ansehen, es soll jedoch versuchen, sich möglichst viele Details zu merken, um möglichst wenig nachschauen zu müssen. Nach Fertigstellung werden die gemalten Hasen/Zwerge mit den Bildkarten verglichen.

Variation:
Je nach Entwicklungsstand der Kinder können entweder die Zwerge oder die Hasen ausgewählt werden. Die schwerere Vorlage von den beiden ist die der Hasen, weil die Kinder noch auf die Seite des abgeknickten Ohres achten müssen. Hier gibt es also zwei Vorlagen: bei der einen ist das abgeknickte Ohr auf der rechten Seite, bei der anderen Vorlage auf der linken Seite.

Impulse und Handlungsweisen der Psychomotorik:
- Handlungsplanung
- Feinmotorik/Grafomotorik
- Merkfähigkeit
- Kreativität
- Selbstbewusstsein
- Wahrnehmung (visuell)

Förderaspekte

- **Aufmerksamkeit** = fokussiertes Betrachten der ausgesuchten Bildkarte; konzentriertes Malen; nur auf das eigene Bild fokussieren; Details beachten
- **Visuell-räumlicher Notizblock** = sich Zeit nehmen beim Betrachten der Bildkarte, um sich möglichst viele Details merken und diese anschließend auf dem eigenen Bild reproduzieren zu können
- **Räumliche Wahrnehmung** = Überblick über die Details erlangen; fehlende Details an der richtigen Stelle auf der Vorlage ergänzen

5.9.5 Streichholz-Akrobatik

Altersgruppe: 6–9 Jahre
(Spiel-)Dauer: ca. 15 Minuten
Setting: Einzelsituation oder Kleingruppe mit 2–6 Kindern

Material:
- dünne (Streich-)hölzer
- Flaschendeckel
- Bildkarten mit Strichmännchen (siehe Download)
- Folienstift

Vorbereitung:
- alle Materialien in der Mitte des Raumes bereitlegen

Durchführung:

Die Kinder nehmen sich nacheinander jeweils eine Bildkarte, auf der ein Strichmännchen abgebildet ist. Mit den dünnen (Streich-)Hölzern versuchen sie die Figur anhand der Bildkarte nachzulegen. Der Flaschendeckel dient dabei als Kopf des Strichmännchens. Auf diesen malen die Kinder mit dem Folienstift zusätzlich noch die abgebildete Mimik. Anschließend versuchen sie ihre Figur mit dem eigenen Körper nachzustellen. Dabei soll sowohl die Position der Beine und Arme als auch die Mimik beachtet werden.

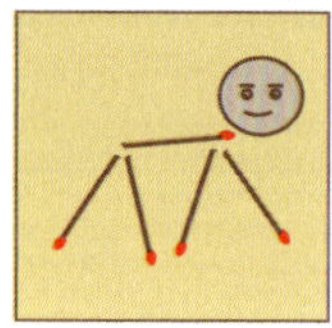

Variation:

Die Bildkarten werden nach dem Anschauen verdeckt, sodass das Kind die Figur aus dem Gedächtnis nachlegen muss.

Impulse und Handlungsweisen der Psychomotorik:

- Körpererfahrung
- Emotionale Kompetenzen (Gefühle ausdrücken)
- Materialerfahrung
- Feinmotorische Geschicklichkeit
- Selbstbewusstsein
- Selbstwirksamkeit
- Körperschema

Förderaspekte	▶ **Aufmerksamkeit** = fokussiertes Betrachten und Nachlegen der Bildkarte ▶ **Visuell-räumlicher Notizblock** = Figur auf der Bildkarte mit allen Details (Position der Arme/Beine, Mimik) einprägen, um sie anschließend nachlegen und mit dem eigenen Körper nachbilden zu können (Variation) ▶ **Planung** = strukturiertes Vorgehen ▶ **Inhibition** = Spielreihenfolge einhalten (= erst nachlegen, dann das Gesicht malen, dann die Figur mit dem Körper nachstellen) ▶ **Kognitive Flexibilität** = Perspektivwechsel, um die Bildkarte mit dem eigenen Körper nachstellen zu können ▶ **Achtsamkeit** = vorsichtiges Nachlegen der Figuren, da die (Streich-)Hölzer schnell verrutschen können

5.9.6 Pantomime

Altersgruppe: 6–10 Jahre
(Spiel-)Dauer: ca. 10 Minuten
Setting: Kleingruppe mit 3–8 Kindern

Material:
- Bildkarten oder Begriffskarten

Vorbereitung:
- Bildkarten/Begriffskarten heraussuchen oder erstellen

Durchführung:
Ein Kind beginnt und schaut sich eine Bild- oder Begriffskarte an. Anschließend versucht es die dort zu sehende/zu lesende Handlung pantomimisch darzustellen. Das Kind darf jedoch nicht sprechen oder Laute von sich geben. Die anderen Kinder versuchen die Handlung zu erraten. Wer es erraten konnte, ist als nächstes an der Reihe.

Variation:
a) Die Kinder denken sich selbst Handlungen/Aktivitäten aus, die sie pantomimisch darstellen.
b) Zum pantomimischen Darstellen dürfen Gegenstände zur Hilfe genommen werden.

Impulse und Handlungsweisen der Psychomotorik:
- Kreativität
- Fantasie
- Sozialkompetenz
- Selbstwirksamkeit
- Selbstbewusstsein
- Entscheidungsfreiheit
- Körpererfahrung

Förderaspekte

- **Aufmerksamkeit** = fokussiert das Spielgeschehen verfolgen
- **Planung** = passende Gegenstände heraussuchen und zur Hilfe nehmen (Variation b)
- **Inhibition** = Verhalten und Emotionen regulieren (sich zurücknehmen und keine Laute oder Tipps von sich geben)
- **Kognitive Flexibilität** = Tätigkeiten wahrnehmen und mit einem bekannten Begriff verknüpfen

5.9.7 Alles verkehrt herum

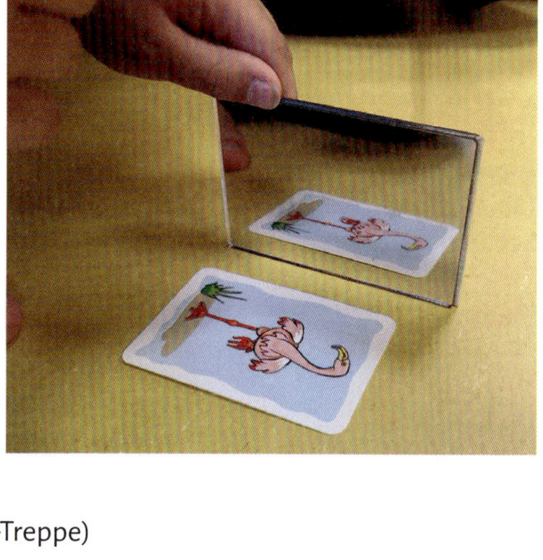

Altersgruppe: 7–11 Jahre
(Spiel-)Dauer: ca. 20 Minuten
Setting: Kleingruppe von 2–4 Kindern

Material:

- Spielkarten aus dem Spiel „Sambesi", Adlung Spiele, EAN: 4001504760199
- Reifen
- Klein- und Großgeräte zum Aufbau der Wege zu den vier ausgewählten Tieren (z. B. Krokodil = Teich aus Balanciersteinen und blauen Tüchern, Löwe = Kriechtunnel in eine Höhle, Flamingo = Hüpfweg zu einer Sandstelle, Elefant = Baustein-Treppe)
- kleiner aufstellbarer Spiegel

Vorbereitung:

- Reifen in die Mitte des Raumes legen
- jeweils drei Tierkarten jedes Tieres der vier ausgewählten Tiere in den Reifen legen
- 4 verschiedene Stationen/Wege aufbauen, die jeweils zu einem Tier führen (s. o.)
- Am Ende des Weges die übrigen Tierkarten des entsprechenden Tieres positionieren (wichtig: die Spiegelbilder müssen aufgeteilt sein!)
- Spiegel in der Raummitte am Reifen bereitlegen

Durchführung:

Ein Kind beginnt und sucht sich eine Tierkarte aus den Reifen aus. Diese nimmt es dann mit über den Weg des jeweiligen Tieres. Am Ende des Weges liegen weitere Tierkarten dieses Tieres. Aus diesen versucht das Kind das exakte Spiegelbild der gewählten Karte aus dem Reifen herauszusuchen. Mit beiden Karten geht es anschließend denselben Weg zurück in die Mitte des Raumes. Zur Hilfe bei der Überprüfung wird der kleine Spiegel neben der gewählten Tierkarte aufgestellt. Im Spiegel lässt sich dann das Spiegelbild der Karte erkennen, welches schließlich mit der ausgewählten Karte verglichen werden kann. Anschließend ist das nächste Kind an der Reihe.

Variation:

Die Tierkarte, die aus dem Reifen ausgewählt wurde, darf nicht mit auf den Weg des Tieres genommen werden. Stattdessen versucht das Kind sich diese genau einzuprägen, um aus dem Gedächtnis heraus das Spiegelbild zu finden.

Impulse und Handlungsweisen der Psychomotorik:

- Körpererfahrung
- Entscheidungsfreiheit (Auswahl des Tieres)
- Sozialkompetenz (gegenseitiges Helfen möglich)
- Selbstbewusstsein
- Wahrnehmung (visuell)
- Frustrationstoleranz

Förderaspekte

- **Aufmerksamkeit** = aufmerksames Betrachten der Tierkarten inklusive Beachtung der Details
- **Visuell-räumlicher Notizblock** = Tierkarte einprägen, sodass am Ende des Weges das Spiegelbild gefunden werden kann (Variation)
- **Kognitive Flexibilität** = visuelles Operieren
- **Achtsamkeit** = vorsichtiges Überqueren der Wege, um diese nicht zu beschädigen

Literatur

Boriss, Karin (2015): Lernen und Bewegung Im Kontext der Individuellen Förderung. Förderung Exekutiver Funktionen in der Sekundarstufe I. Wiesbaden: Springer Fachmedien Wiesbaden GmbH (Bildung und Sport Ser, v.8).

Deffner, Carmen; Quante, Sonja; Walk, Laura (2017): Exekutive Funktionen und Psychomotorik. Stärkung der Selbstregulationsfähigkeit aus neurowissenschaftlicher Sicht. In: Motorik (4), S. 189–196.

Drechsler, R.; Steinhausen, H.-C. (2013): Verhaltensinventar zur Beurteilung exekutiver Funktionen BRIEF. Deutschsprachige Adaption des Behavior Rating Inventory of Executive Function. Bern: Verlag Hans Huber

Friso-van den Bos, I. (2013): Het verband tussen executieve functies en getalbegrip bij basisschoolkinderen: Een meta-analyse. Orthopedagogiek: Onderzoek en Praktijk, 52 , 295–308

Heilbrunner, Michael (2021): Mehr als nur Bewegung und Sport. Förderung der exekutiven Funktionen im Sportunterricht. Masterthesis. Private Pädagogische Hochschule der Diözese Linz, Linz. Zentrum für Weiterbildung.

Klein, Annette M. und von Salisch, Maria (2016): Aufwachsen unter Risiko: Exekutive Funktionen der Kinder. In: Praxis der Kinderpsychiatrie (65), S. 384–388.

Köckenberger, Helmut (2016): Vielfalt als Methode. Methodische und praktische Hilfen für lebendige Bewegungsstunden, Psychomotorik und Therapie. 3. Auflage. Basel: Verlag Modernes Lernen; Borgmann Media.

Kubesch, S. (2020): Exekutive Funktionen und Selbstregulation, Hogrefe Verlag 2. Auflage

Laubenstein, D. und Scheer, D. (Hrsg.): Paderborner Schriften zur sonderpädagogischen Förderung Band 2

Michel, Martin; Wingeier, Kevin (2020): Exekutive Funktionen – Alles nimmt ein gutes Ende für den, der warten kann. In: Thomas Pletschko, Ulrike Leiss, Katharina Pal-Handl, Karoline Proksch und Liesa J. Weiler-Wichtl (Hg.): Neuropsychologische Therapie mit Kindern und Jugendlichen. Berlin, Heidelberg: Springer Berlin Heidelberg, S. 129–141.

Müller, S. (2013): Störungen der Exekutivfunktionen; ISBN 10: 3801717615

Petermann, F., Daseking, M. (2003): Brief-P (Verhaltensinventar zur Beurteilung exekutiver Funktionen für das Kindergartenalter); Huber

Quante, Sonja; Evers, Wiebke F.; Otto, Melanie; Hille, Katrin; Walk, Laura M. (2016): EMIL - Ein Kindergarten-Konzept zur Stärkung der Selbstregulation durch Förderung der exekutiven Funktionen. In: Diskurs Kindheits- und Jugendforschung (4), S. 417–433.

Stuber-Bartmann, S. (2021): Besser lernen – Ein Praxisbuch zur Förderung der Selbstregulation und exekutiven Funktionen in der Grundschule; Ernst Reinhardt Verlag; 3. Auflage

Zimmer, Renate (2019): Handbuch der Psychomotorik. Theorie und Praxis der psychomotorischen Förderung von Kindern. 14. Gesamtauflage. Freiburg, Breisgau: Herder.

Quellenangabe Downloads

Über Premium Abo: https://de.freepik.com/search?format=search&premium=1&type=psd Kostenlose Vektoren-, Stockfoto- Und Psd-downloads | Freepik

Übersicht Downloadmaterialien

4.4.7 **Achtsamkeitskarten** – Beispiele
4.4.7 **Selbstregulationskarten** – Beispiele
5.1.2 Formen im Labyrinth – Herstellungsbeschreibung Glücksrad
5.1.5 Finde die Hälfte! – Herstellungsbeschreibung Glücksrad
5.2.2 Copy-Shop – Vorlagen-Karten
5.2.3 Wühlmaus – Vorlagen
5.2.9 Bunte Geometrie – Formen-Bildkarten
5.3.2 Von Baum zu Baum – Tiere
5.3.3 Fahrzeug-Bingo – 4 × 4 schwarz-weiß,
5.3.3 Fahrzeug-Bingo – DIN A3 schwarz-weiß
5.3.3 Fahrzeug-Bingo – Drehscheibe farbig
5.3.3 Fahrzeug-Bingo – Drehscheibe schwarz-weiß
5.3.3 Fahrzeug-Bingo – Fahrzeuge schwarz-weiß
5.3.4 Tierfütterung im Zauberwald – Futter
5.3.7 Bauanleitung mit Duftnote – Vorlagen-Karten Bausteine
5.4.2 Künstler – Herstellungsbeschreibung Glücksrad
5.4.6 Expedition am Nordpol – Eisbär Vorlage
5.7.1 Bunte Fädelei – Formen-Bildkarten
5.7.2 Gemischte Bonbontüte – Bonbons
5.7.4 Rückenmaler – Herstellungsbeschreibung Glücksrad
5.8.4 Würfelrätsel – Code mit Muster
5.8.4 Würfelrätsel – Code ohne Muster
5.8.4 Würfelrätsel – Vorlage Würfelbilder
5.8.5 Kanalsystem – Buchstaben
5.8.5 Kanalsystem – Zahlen schwarz-weiß, farbig, Farbpunkte
5.9.1 Schneemann bauen – Vorlagen
5.9.3 Zauberpuzzle – Baum
5.9.3 Zauberpuzzle – Haus
5.9.3 Zauberpuzzle – Heißluftballon
5.9.3 Zauberpuzzle – Meer
5.9.3 Zauberpuzzle – Noten
5.9.3 Zauberpuzzle – Wald
5.9.4 Hier fehlt doch was! – Hasen
5.9.4 Hier fehlt doch was! – Zwerge
5.9.5 Streichholz-Akrobatik – Vorlagen
Glücksrad – Untergrund